谨以此丛书献给
内蒙古自治区文物考古研究所成立60周年

内蒙古文化遗产丛书

乌兰察布文化遗产

内蒙古自治区文物考古研究所　编

文物出版社

责任编辑　王　伟
责任印制　陈　杰

图书在版编目（CIP）数据

乌兰察布文化遗产 ／ 陈永志，吉平，张文平主编；
内蒙古自治区文物考古研究所编．—北京：文物出版社，
2014.8
　　（内蒙古文化遗产丛书）
　　ISBN 978-7-5010-4053-7

　　Ⅰ.①乌…　Ⅱ.①陈…　②吉…　③张…　④内…　Ⅲ.
①文化遗产－介绍－乌兰察布市　Ⅳ.①K292.63

中国版本图书馆CIP数据核字(2014)第165006号

乌兰察布文化遗产

编　　者　内蒙古自治区文物考古研究所
出版发行　文物出版社
地　　址　北京市东直门内北小街2号楼
邮政编码　100007
网　　址　www.wenwu.com
邮　　箱　web@wenwu.com
制版印刷　北京燕泰美术制版印刷有限责任公司
经　　销　新华书店
版　　次　2014年8月第1版第1次印刷
开　　本　787×1092　　1/16
印　　张　18.75
书　　号　ISBN 978-7-5010-4053-7
定　　价　290.00元

美丽富饶的内蒙古自治区位于祖国的北部边疆，环境优美，气候宜人，自古以来就是人类繁衍生息的好地方。特定的地理位置、区域特点与生态环境，形成绚丽多姿、丰富多彩的物质文化遗产，造就了博大精深的草原文化。由内蒙古自治区文物考古研究所编纂的这套《内蒙古文化遗产丛书》，将分布在内蒙古自治区各地的物质文化遗产以盟市为单位编列成书，系统地向社会展示，显示了内蒙古自治区文化遗产的突出优势，这在当今"弘扬社会主义先进文化，推动社会主义文化大发展大繁荣"的新形势下，无疑具有重要的现实意义。

内蒙古自治区历史悠久，文化积淀深厚。草原地区人类的历史最早可以追溯到旧石器时代，这是草原文化的滥觞时期。在内蒙古呼和浩特东郊发现的大窑旧石器时代遗址，发现了石器制造场与其他的人类遗迹，将内蒙古地区人类的历史提升到了50万年。另外，在内蒙古其他地区还发现了距今5万年至1万年的"河套人"以及"扎赉诺尔人"，由此证明了中国北方的内蒙古自治区也是人类的重要起源地之一。新石器时代至青铜时代是草原文化形成的重要阶段，以赤峰红山命名的红山文化，是这一时期草原文化的核心。在内蒙古地区相继发现的兴隆洼文化、赵宝沟文化、富河文化、庙子沟文化、小河沿文化、朱开沟文化、夏家店下层文化等一系列草原考古学文化，使得中华民族文化呈现出"多源辐辏"、"百花齐放"的繁荣局面。秦汉、魏晋之际是草原文化快速发展的重要阶段。位于阿拉善盟的居延遗址群是中国西部地区重要的汉代边疆城市遗址，以出土"居延汉简"著称于世。呼和浩特地区和林格尔的盛乐古城遗址是内蒙古中南部最大的都城遗址。呼伦贝尔市鄂伦春自治旗的嘎仙洞遗址，发现北魏太平真君四年（443年）的石刻祝文，证明了此处是鲜卑贵族的"先祖石室"、拓跋鲜卑的发祥地。这些重要的文化遗产是中国历史上多民族文化碰撞、融合、升华的实物见证。辽金元时期草原文化达到了空前的繁荣与昌盛。内蒙古东部的赤峰、通辽历史上是辽王朝的京畿地区，契丹人的政治中心所在。在这一地区分布有辽上京、辽中京两大都城，还分布有辽祖陵、辽怀陵、辽庆陵三大皇族陵寝，以及轰动世界、闻名遐迩的辽陈国公主墓、吐尔基山辽墓。元代的内蒙古地区是东西文化交流的主阵地，"草原丝绸之路"东端的重要起点。元上都遗址是中国北方草原地带最大的元代都城遗址，御天门、大安阁、穆清阁等重要建筑遗迹，真实地再现了元代皇城的宏伟规模，极大地彰显了元上都遗址的突出价值，是内蒙古自治区极为珍贵的世界文化遗产。位于乌兰察布市的集宁路古城遗址，考古发现了一处完整的市肆遗迹及多处器物窖藏，出土了釉里红玉壶春瓶、青花梨形壶、卵白釉"枢府"铭盘、青釉龟形砚滴、青釉荷叶盖罐等大量完整瓷器，以及其他珍贵瓷器标本上万件，堪称中国的"庞贝城"。另外，内蒙古自治区也是我国古代岩画资源最为富集的地区，以阴山岩画、曼德拉山岩画、乌兰察布岩画最为典型，岩画总量多达十万余幅，时代纵跨上万年，这是内蒙古草原地区现存最为壮观的古代艺术画廊。此外，内蒙古自治区还拥有当今世界上保存最长、辐射面最广、影响最为深远的特殊文化线路——长城。全区共查明有战国燕、战国赵、战国秦、秦代、西汉、东汉、北魏、隋代、北宋、金代、西夏、明代修筑的长城墙体7570公里，有与长城相关的马面、敌台、烽燧、障城、关堡等各类遗存近万处，其附属遗址的数量、跨越的时代及墙体长度，都位居全国第一。这些林林总总的物质文化遗产都是内蒙古自治区珍贵的文化资源，是草原文明的重要实物载体，也是草原文化薪火相传的实物例证。

《内蒙古文化遗产丛书》以草原地区古代民族活动遗留下来的物质文化遗产为具体研究对象，对人类的生产生活、社会生活、精神生活进行"时"、"空"、"人"三维的全方位考察研究，以期对草原民族物质生活、精神生活以及制度体系进行客观定位，进而揭示社会文化的发展状况，人类文明的历史进程。人类起源问题是当今世界十大科学课题之一，草原人类从何而来？草原文明从哪发端？这也是困扰当今学术界的重大问题。内蒙古草原地带大窑遗址、萨拉乌苏遗址、金斯太洞穴遗址、扎赉诺尔遗址等一系列旧石器时代文化遗存的考古发现，证明中国北方草原地带的内蒙古自治区同样也是人类的重要发祥地之一，其学术意义是不言而喻的。而古代文明的起源与形成也是世界学术界倍加关注的课题之一。近年来，随着内蒙古文化遗产保护、发掘与研究工作的深入开展，广泛分布在蒙古草原地带的一些古代遗址与墓葬逐渐地被揭露与发现，不同历史时期的文物精品大量破土面世。特别是位于内蒙古东部地区红山文化遗址的考古发现，证明了中华民族文明的源头可以追溯到草原深处，内蒙古同样也是中华文明曙光升起的地方，草原文化与黄河文化、长江文化三位一体，已经构成了中华民族历史文明的三大主流文化。中华民族多元一体文化格局的建构，草原文化功不可没。

草原文化之所以有着如此强大的生命力与感召力，还在于她的开放性、包容性与文化内涵的博大精深。内蒙古自治区位于欧亚大陆的东端，蒙古高原的南部，作为世界历史上著名的"草原丝绸之路"，这里是东西文化交流的重要长廊，也是游牧文明与农耕文明交融和碰撞的特殊地带。特殊的区域位置与人文环境，创造了种类繁多、规模宏大、保存完好的城市文化遗产。在内蒙古自治区分布有北魏的盛乐都，辽代的上京城，元代的上都、黑城古城等中外闻名的城市遗址，围绕着这些大遗址，群星点点地分布着各类古代文化遗存，构成了草原丝绸之路商品交换的大通道，东西文化传播的主干线。

所以，分布在内蒙古自治区这些林林总总的物质文化遗产，反映了草原文化的庞大内涵，是草原文明最为直接而又形象的体现。文化是多元的，中华民族文化是多民族文化碰撞、融和、升华的结果，草原文化是中华民族文化构筑的一个重要板块，深化草原文化研究，考察草原文化的发展演进轨迹，探索草原文化与华夏文化碰撞、融合的历史进程，对于进一步弘扬中华民族文化具有重要的历史意义。

　　习近平总书记指出：一个国家、一个民族的强盛，总是以文化兴盛为支撑的，中华民族伟大复兴需要以中华文化发展繁荣为条件。中华优秀文化是我们民族永不褪色的名片、永不贬值的"硬通货"。同时要求我们要系统梳理传统文化资源，让收藏在禁宫里的文物、陈列在广阔大地上的遗产、书写在古籍里的文字都"活"起来。这是对我们文化工作者的一个总体要求，也是我们文化遗产保护事业发展的一个总方针。目前，内蒙古自治区的文化遗产保护事业蓬勃发展，草原文化研究欣欣向荣，重大考古发现层出不穷，学术研究成果斐然，文化遗产保护工作得到了社会的普遍认同，在弘扬中华民族传统文化、增强国民凝聚力与向心力、建设社会主义和谐社会等方面发挥着不可替代的重要作用。作为展示草原文化遗产的点睛之作，《内蒙古文化遗产丛书》以研究内蒙古文化遗产为主要内容，旨在进一步弘扬草原文化，传承草原文明，这是这套丛书付梓的重要意义。

　　是为序。

　　　　　　　　　　　　　　　　　内蒙古自治区党委常委　宣传部部长

　　　　　　　　　　　　　　　　　　　　2014年7月25日

目 录

前言

陈永志

内蒙古自治区位于中国北方草原地带，作为世界上著名的"草原丝绸之路"，历史文化积淀深厚。目前已初步查明有各类文物遗址点2.1万余处，全国重点文物保护单位141处，自治区级重点文物保护单位319处，盟市旗县级别的文物保护单位700余处。这些林林总总的物质文化遗产，构成了草原文明的主体，展现出草原文化发展的完整脉络，是内蒙古自治区极为珍贵的文化资源。如何有效地利用这些丰厚的文化遗产，将文化遗产资源转化为强大的发展优势，这是我们每一个文物考古工作者所肩负的历史重任。党的十八大提出"两个一百年"的奋斗目标和实现中华民族伟大复兴"中国梦"的战略构想，而夯实中华文化的根基，展示中华文化的精粹，张扬中华文化的辉煌，是建设社会主义文化强国的根本，也是奔向"两个一百年"奋斗目标和实现中华民族伟大复兴"中国梦"最为有效的途径。

内蒙古自治区多草原、山地、沙漠的自然环境特点，使得历史上遗留下来的大量文物古迹完整地保存至今。内蒙古文化遗产的特色与优势就是地下埋藏文物丰富，文化内涵深厚，草原特色鲜明。近期，内蒙古自治区党委、政府提出了"8337"的发展思路，将内蒙古自治区建设成"体现草原文化、独具北疆特色的旅游观光、休闲度假基地"作为文化发展的战略目标，其主旨就是要充分发掘文化资源，彰显内蒙古自治区突出的文化资源优势，丰富草原文化的内涵。而文化遗产则是草原文化的主要承载体，是草原文明最为形象直观的体现。所以，对内蒙古自治区文化遗产的深入发掘、研究与展示，是弘扬草原文化、传承草原文明、建设民族文化强区的实际需要。

中华民族文化是多民族文化碰撞、融和、升华的结果，草原文化是中华民族文化的重要组成部分，而文化遗产则是草原文化的精粹，也是草原文化的核心内容。因此，对草原文化遗产的深入发掘与研究，对于提升草原文化在中华民族文化中的历史地位具有重要的意义。中华民族素以"声色文物之邦"著称于世，具有悠久的历史与光辉灿烂的文化。中华文化的特点首先是连绵不断，其次是多元一体，再次是具有鲜明的民族特色。世界上没有任何一个国家像中国一样，具有自旧石器时代起，历经新石器时代、青铜时代、铁器时代、历史时期直至近现代这样一个衔接完整的历史发展脉络，更没有一个国家的文化像中国的文化一样包罗万象、博大精深、源远流长，这也是中华民族之所以屹立于世界民族之林的一个重要原因。内蒙古自治区位于蒙古高原的南端，是草原丝绸之路的主干线，东西文化碰撞、交流的枢纽地带，中华民族文化以此为平台，向周边地区传播，从而推动了世界文明的发展。所以，草原文化在构建中华民族多元一体文化格局的过程中具有重要的作用，而构成草原文化核心内容的就是这些丰富多彩的草原文化遗产，这是内蒙古自治区重要的文化资源，也是建设民族文化强区强大的"软实力"。

习近平总书记指出：宣传阐释中国特色，要讲清楚每个国家和民族的历史传统、文化积淀、基本国情不同，其发展道路必然有着自己的特色；讲清楚中华文化积淀着中华民族最深沉的精神追求，是中华民族生生不息、发展壮大的丰厚滋养；讲清楚中华优秀传统文化是中华民族的突出优势，是我们最深厚的文化软实力。这是对我们国家文化遗产保护事业高屋建瓴的一个总体要求。近年来，随着内蒙古田野考古工作的深入开展，广泛分布在蒙古草原地带的一些古代城址与墓葬逐渐地被揭露与发现，不同历史时期的文物精品大量破土面世，草原文化的研究进入了一个全新的历史阶段。在新的历史条件下，为了进一步繁荣发展内蒙古自治区的文化遗产保护事业，深入弘扬草原文化，针对内蒙古自治区文化遗产的分布状况与文化特点，我们编写了这套《内蒙古文化遗产丛书》，对内蒙古自治区境内的文化遗产进行深入的发掘、研究与展示，目的就是让这些埋藏在地下的文化遗产充分地"活"起来，以期讲好中国故事，传播好中国声音，为建设内蒙古文化强区尽绵薄之力。

《内蒙古文化遗产丛书》分为《呼和浩特文化遗产》、《包头文化遗产》、《乌海文化遗产》、《赤峰文化遗产》、《通辽文化遗产》、《呼伦贝尔文化遗产》、《鄂尔多斯文化遗产》、《乌兰察布文化遗产》、《巴彦淖尔文化遗产》、《兴安文化遗产》、《锡林郭勒文化遗产》、《阿拉善文化遗产》共12卷本，根据内蒙古自治区的行政区划按盟市为单位分别编写。所介绍的内容为传统意义上的物质文化遗产，空间范围以内蒙古自治区辖境为基本覆盖范围，时间范围为旧石器时代至近现代，具体为不同历史时期遗留下来的古遗址、古墓葬及相关文物，涵盖历史、文学、艺术、语言、宗教、哲学、教育、民俗诸多方面的内容。重点以各盟市所辖范围内的全国重点文物保护单位、自治区级重点文物保护单位和市县级重点文物保护单位为主，同时包括其他未定级别的文物遗址与重要的考古发现，并配以图片及相关佐证材料，力求客观真实。

本系列丛书为内蒙古自治区"草原英才"工程项目成果之一，同时也是献给内蒙古自治区文物考古研究所建所60周年的隆重大礼。我们力求通过本系列丛书将内蒙古自治区境内的文化遗产状况全面、系统、真实地反映出来，为建设发展的内蒙古、繁荣的内蒙古、文化的内蒙古贡献自己的一份力量。囿于编者的学识与水平，本系列丛书难免有这样或那样的不足之处，敬请各位读者批评指正。

内蒙古文化遗产概论

陈永志

内蒙古自治区地域辽阔，呈东北向西南斜伸的狭长形，总面积约118.3万平方公里。在漫长的地质历史演化的过程中，形成了高山、草地、平原、盆地、沙漠戈壁等复杂的自然环境风貌。这些复杂的自然环境，同时也造就了内蒙古地区多元化的人文环境风貌。从旧石器时代的"大窑人"，到新石器时代的"红山人"，再到青铜时代的"夏家店人"，一直到后来的北狄、匈奴、鲜卑、突厥、回鹘、契丹、女真、蒙古等民族，这些草原民族经过世代繁衍生息，交往融合，形成了雄厚的历史文化积淀，造就了博大精深的草原文化遗产。对这些草原文化遗产的突出普遍价值的正确认知，是深入发掘内蒙古自治区文化资源的需要，也是建设文化强区的必要保障。

一 内蒙古物质文化遗产概况

文化遗产包括遗存与遗物两大部分，主要涉及人类社会政治、经济、文化、军事、宗教等诸多方面。遗存主要有古

锡林郭勒盟金斯太旧石器时代洞穴遗址

城市遗址、古墓葬、古建筑等，还有长城、界壕、驿道等复合型的特殊遗址；遗物主要有金银器、青铜器、碑刻、岩画、货币、雕塑、陶瓷、丝织品等。目前已初步查明内蒙古自治区有各类文物遗址点2.1万余处，全国重点文物保护单位141处，自治区级重点文物保护单位319处，盟市旗县级别的重点文物保护单位700余处。这些珍贵的文化遗存，构成了草原文明的主体，展现出草原文化发展的完整脉络。

旧石器时代是草原文化的滥觞时期，位于中国北方的内蒙古自治区同样也是人类的重要起源地之一。目前为止，在内蒙古自治区发现的旧石器时代遗址就达三十余处，其中以呼和浩特东郊发现的大窑遗址、鄂尔多斯发现的萨拉乌苏遗址、锡林郭勒发现的金斯太洞穴遗址、呼伦贝尔发现的扎赉诺尔遗址最为典型。大窑遗址位于呼和浩特市大窑村南，以发现的旧石器制造场及四道沟典型的地层剖面为重要的考古学依据。第一层为表土层，形成于全新世；第二层为马兰黄土层，形成于晚更新世晚期；第三层为淡红色土层，形成于晚更新世早期；第四层至第七层为离石黄土层，形成于更新世中期。在第四层底部发现有肿骨鹿化石，还有远古人类打制的石片、刮削器、砍砸器、石刀和石核等石制品，其时代属于旧石器时代早期，距今约50万年。鄂尔多斯萨拉乌苏旧石器时代遗址，发现于1922年，其后经过多次调查，在此地相继发现了顶骨、额骨、枕骨、股骨、胫骨、腓骨19件化石。其中有六件人骨化石是从晚更新世原生地层里发现的，学术界命名为"萨拉乌苏文化"，属于旧石器时代晚期，距今5万至3.7万年。锡林郭勒盟东

赤峰市魏家窝铺红山文化遗址发掘现场

通辽市哈民遗址清理出土的半地穴房屋基址

乌珠穆沁旗金斯太洞穴遗址，发现了旧石器时代中期晚段到青铜时代的连续地层堆积。在旧石器时代地层中发现了人类用火遗迹，出土了大量的打制石器、细石器、晚更新世晚期的动物骨骼化石等珍贵遗存。经^{14}C测定，距今约3.6万年。金斯太洞穴遗址的考古发现，对北方草原地区旧石器时代中晚期现代人的起源、迁徙、旧石器时代至新石器时代转变机制等方面的研究，都具有十分重大的意义。扎赉诺尔遗址发现于1927年，先后共发现15个个体的人头骨化石及其他化石。该遗址出土有石镞、刮削器、石片、石核等细石器，刀梗、锥、镖等骨器，并出土有夹砂粗陶器残片，同时出土有猛犸象、披毛犀等动物化石，是典型的中石器时代遗址，具体时代距今一万年左右。

在内蒙古自治区共发现新石器时代遗址两千余处，这些遗址主要分布在内蒙古东南部的西辽河流域及内蒙古中南部的黄河流域及环岱海地区。以赤峰红山命名的红山文化，是这一时期草原文化的核心。在内蒙古东部地区相继发现的兴隆洼文化、赵宝沟文化、富河文化、小河沿文化等一系列草原考古学文化，使得中华民族文化呈现出"多源辐辏"、"百花齐放"的繁荣局面。西辽河流域时代最早的新石器时代文化是敖汉旗的"兴隆洼文化"，其后是位于敖汉旗的"赵宝沟文化"和以赤峰红山后遗址为代表的"红山文化"以及以巴林左旗富河沟门聚落遗址为代表的"富河文化"。在通辽市科尔沁左翼中旗发现的哈民聚落遗址，是近期在内蒙古东北地区发现的较为重要的考古发现，被定名为"哈民文化"，也属于红山文化系列。这些考古学文化早到距今约8000年，晚到距今约4000年，以之字纹筒形罐、C形玉龙、楔形石耜为主要考古学文化特点。内蒙古中南部黄河流域及环岱海地区的新石器时代文化，主要属于中原地区的仰韶文化和龙山文化序列。最早的以凉城县王墓山遗址为代表的"王墓山下类型"，其年代大约距今6000年，属于仰韶文化晚期。其后有托克托县的"海生不浪文化"、包头市的"阿善二期文化"、察哈尔右翼前旗的"庙子沟文化"、凉城县的"老虎山文化"等，以彩陶钵、小口尖底瓶、双耳罐为主要考古学文化特点。

内蒙古地区发现的青铜时代遗址有七千余处，其中以夏家店下层文化、夏家店上层文化、大口二期文化和朱开沟文化为典型。夏家店下层文化发现于老哈河及大小凌河流域，以赤峰药王庙、夏家店、蜘蛛山、大甸子遗址，范杖子墓地为典型，其后又有赤峰三座店山城遗址、二道井子聚落遗址等重要考古发现。夏家店上层文化南边老哈河流域以宁城县南山根遗址为代表，北边西拉沐沦河流域以赤峰克什克腾旗龙头山遗址为典型，时间为夏、商至春秋时期。同一时期的考古学文化在赤峰地区还有"井沟子"、"铁匠沟"、"水泉"等文化类型。内蒙古中南部的青铜时代遗址，较为典

赤峰市三座店石城遗址

赤峰市二道井子遗址考古发掘现场

型的是准格尔旗大口村的"大口二期文化"和伊金霍洛旗的"朱开沟文化"。在朱开沟文化的第五段遗存内，发现鄂尔多斯式青铜戈，从而将鄂尔多斯式青铜器的时代上限上溯到二里冈上层文化时期，也就是商代早期。经过考古发掘证明，以"鄂尔多斯式青铜器"为代表的"朱开沟文化"，是属于商周时期中国北方少数民族的文化遗存，其时代下限距今2500年左右。

秦汉、魏晋之际是中国历史上各民族走向大一统、大融合的重要历史阶段。秦汉王朝为稳定边疆统治，在内蒙古地区营建大小边疆城镇，并屯垦开发。初步统计，内蒙古地区有秦汉时期大小城镇多达四十余座，目前能够确定其地望的城址主要有以下几例：云中郡为托克托县古城村古城，沙陵县城址为托克托县哈拉板申村东古城，沙南县城址为准格尔旗十二连城城，侦陵县城址为托克托县章盖营子古城，北舆县城址为呼和浩特塔布陀罗海古城，阳原县城址为呼和浩特市郊八拜村古城，武泉县城址为卓资县三道营子村古城，五原郡治所为乌拉特前旗三顶帐房古城，临沃县城址为包头市麻池村古城，定襄郡治所成乐城为和林格尔县土城子古城，桐过县城址为清水河县上城湾古城，安陶县城址为呼和浩特市郊陶卜齐古城，武城县城址为和林格尔县榆林城古城，临戎县城址为磴口县补隆淖乡河拐子古城，窳浑县城址为磴口县沙金陶海保尔浩特古城，朔方郡治所三封县城为磴口县陶升井古城，美稷县城址为准格尔旗纳林镇古城，广衍县城址为准格尔旗瓦尔吐沟古城，沃阳县城址为凉城县双古城古城，右北平郡治所平刚县城为宁城县甸子乡黑城古城。这些秦汉时期城市遗址在魏晋南北朝时期继续沿用，成为鲜卑族南迁汉化的重要跳板。其中拓跋鲜卑南下建立的第一座都城盛乐城在今天的和林格尔县土城子古城，是内蒙古中南部最大的城市遗址，而北魏云中宫所在地就在今托克托县古城村古城。围绕着这两座古城，还分布有北魏重要的军事重镇，其中的沃野镇城址为乌拉特前旗苏独仑乡根子场古城，怀朔镇城址为固阳县城库伦古城，武川镇城址为武川旦乌兰不浪乡土城梁古城，抚冥镇城址为四子王旗库图城卜子古城，柔玄镇城址为察哈尔右翼后旗白音查干古城。目前在内蒙古地区共发现有秦汉魏晋时期的文物遗址多达三千余处，东西分布众多的城市遗址是这一特殊历史时期古代内蒙古地区多民族文化碰撞、融合、升华的实物见证。

内蒙古隋唐时期的文物遗址较少，目前初步统计有三百余处，这些文物遗迹也主要以城市遗址为主，目前能够认定其性质的主要有以下几例：隋代朔方郡长泽县城址为鄂托克前旗城川古城，榆林郡治所胜州城址为准格尔旗十二连城，富昌县城址为准格尔旗天顺圪梁古城，金河县城址为托克托县七星湖村古城，五原郡治所丰州城为乌拉特前旗东土城村古城。唐王朝为了加强对北方边疆地带的控制，实行节度使与羁縻州制度，内蒙古地区唐代的城镇多属于羁縻州府。其中振武节度使与单于都护府同驻一城，城址在今和林格尔县土城子古城，东受降城在今托克托县的大皇城古城，胜州城址在今准格尔旗十二连城古城，河滨县城址在今准格尔旗天顺圪梁古城，长泽县城

呼和浩特市和林格尔盛乐古城遗址发掘清理的汉代砖室墓

呼和浩特市和林格尔汉墓壁画——庄园图

在今鄂托克前旗城川古城，白池县城址在今鄂托克前旗二道川的大池古城，天德军城址在今乌拉特前旗陈二壕古城，中受降城址在今包头市傲陶窑子古城，兰池都督府城址在今鄂托克前旗三段地乡的巴拉庙古城，饶乐都督府城址在今林西县樱桃沟古城。这些隋唐时期的城址，大部分保存完好，城内遗迹丰富，出土文物精美。

辽金元时期内蒙古地区的文物遗址最为丰富，多达1.1万余处。这些文物遗址规模宏大，种类庞杂，精品众多，在世界文明史上具有重要的历史地位。位于内蒙古东部的赤峰市辖区，历史上是辽王朝的京畿地区，契丹人的政治中心。在这一地区分布有辽上京、辽中京两大都城，还分布有辽祖陵、辽怀陵、辽庆陵三大皇族陵寝。在辽代，中国北方草原地带开始了大规模的城市建设，据《辽史》记载，辽朝有"京五、府六、州军城百五十六、县二百有九"。目前能够确认的辽代城市遗址有两百余座，其中最为著名的上京临潢府城址在今巴林左旗林东镇，中京大定府城址在今宁城县大明城。除辽代京城以外，还有一些著名的州县城，如龙化州城址为今奈曼旗孟家段古城，永州城址为今翁牛特旗白音他拉古城，武安州城址为今敖汉旗丰收乡白塔子古城，丰州城址在今呼和浩特白塔古城，祖州城址在今巴林左旗石房子古城，庆州城址在今巴林右旗索博力嘎古城，通化州城址在今陈巴尔虎旗浩特陶海古城等。金代城址也多沿用辽代城址，其中北京路城址为今宁城县大明城，武平县城址在今敖汉旗白塔子古城，临满府路城址在今巴林左旗林东镇南古城，长泰县城址在今巴林左旗十三敖包乡古城，西京路所属丰州城址在今呼和浩特市东白塔古城，东胜州城址在今托克托县的大皇城和小皇城，宁边州城址在今清水河县下城湾古城，净州城址在今四子王旗吉生太乡城卜子古城，桓州城址在今正蓝旗四郎城古城，集宁县城址在今察哈尔右翼前旗巴彦塔拉乡土城子古城，振武镇城址在今和林格尔土城子古城，宣宁县城址在今凉城县淤泥滩古城，天成县城址为今凉城县天成村古城等。金代的城市一般年代跨度较小，规模不显，但同样也被后来的元朝沿用与开发。古代的内蒙古地区是元朝的肇兴之地，此地建有元朝的开国之都——元上都，还分布有一系列的路府州县城市，文物遗迹丰富。世界著名的元上都城址位于今正蓝旗五一牧场内，城垣面积达四平方公里之多，是当时国际性的大都会。以元上都城址为中心，元代的城市遗址可以说是星罗棋布。成吉思汗母亲月伦太后和幼弟斡赤斤在其封地内兴筑的城郭位于今鄂温克族自治旗辉苏木巴彦乌拉古城，成吉思汗二弟哈撒儿在其封地内兴筑的城郭为今额尔古纳右旗黑山头古城，汪古部兴建的德宁路古城为在今达尔罕茂明安联合旗敖伦苏

赤峰市辽代上京城皇城内清理的塔基遗址

通辽市辽陈国公主墓发掘现场

木古城，元代砂井总管府城址为今四子王旗红格尔苏木大庙古城，元代集宁路城址在今察哈尔右翼前旗巴彦塔拉乡土城子古城，净州路城址在今四子王旗吉生太乡城卜子占城，弘吉剌部在其封地内兴筑的应昌路城址为今克什克腾旗达尔罕苏术鲁王城，全宁路城址为今翁牛特旗乌丹镇西门外古城，亦乞列思部兴建的宁昌路城址在今敖汉旗五十家子村，上都路下属的桓州城址为今正蓝旗四郎城，松州城址在今赤峰市红山区西八家古城，兴和路下属的威宁县城址在今兴和县台基庙古城，丰州城址在今呼和浩特市东白塔古城，云内州城址在今托克托县西白塔古城，东胜州城址在今托克托县大皇城，红城屯田所在今和林格尔县小红城古城，大宁路城址在今宁城县大明城，高州城址在今赤峰市松山区哈拉木头古城，兀剌海路城址在今乌拉特中旗新忍热古城，亦集乃路城址为今额济纳旗黑城。这些元代城市遗址呈扇形分布在中国北方的内蒙古草原地带，构成了规模宏大而又自成体系的文化遗产景观，是草原丝绸之路上的重要城市遗址，也是内蒙古自治区文化遗产的核心所在。

二　内蒙古文化遗产资源的特色与优势

内蒙古自治区地域辽阔，多山地、草原、沙漠的自然环境特点，加之人为干扰较少，使得地上、地下文化遗存大部分得以完整地保存下来。所以，内蒙古自治区文化遗产最大的特点是保存完整、种类丰富、精品辈出。特别是近几年，内蒙古自治区重要考古发现不断出现，文化遗产保护事业成绩斐然，现已形成具有民族与地域特色的文化遗产体系，彰显内蒙古自治区文化发展的强势与巨大的潜力。

1972年，在盛乐古城南发现的小板申东汉壁画墓，发现保存完好的壁画56组，57幅，榜题250条，是目前研究东汉庄园制度最为完整的实物资料。1986年，在通辽奈曼旗青龙山发掘的辽陈国公主墓，出土三千多件（组）金、银、玉质地的珍贵文物，

赤峰市耶律羽之墓耳室墓门

赤峰市宝山辽墓壁画《寄锦图》

其中金属面具、银丝网络以及璎珞、琥珀饰件堪称辽代文物之奇珍。辽陈国公主墓的考古发掘，被评为"七五"期间全国重要考古发现。1992年，在赤峰阿鲁科尔沁旗发掘的耶律羽之墓，墓内出土了大量金银器皿及五代时期的珍贵瓷器，其中孝子图纹鎏金银壶、盘口穿带白瓷瓶最为名贵。1994年，赤峰阿鲁科尔沁旗发现一座辽代贵族墓葬，墓室内发现了大面积精美的壁画，主要有《贵妃调鹦图》、《织锦回文图》、《高逸图》、《降真图》，壁画题材丰富，对于研究辽代的绘画艺术提供了弥足珍贵的实物资料。2003年，在通辽吐尔基山再次发现一座保存完好的辽代贵族墓葬，墓内出土有精美的彩绘木棺，棺内墓主人身着十层华丽的丝织衣物，伴出有金牌饰、金耳饰、金手镯及成串铜铃等，另外还发现有鎏金铜铎、银角号、包金银马具等大批珍贵文物，显示了辽文化的繁荣与昌盛。上述三项辽代重要的考古发掘，分别被评为1992年、1994年和2003年度的"全国十大考古新发现"。

2003年，位于乌兰察布市察哈尔右翼前旗集宁路古城，发现了一处完整的市肆遗迹及四十余处物窖藏，出土了釉里红玉壶春瓶、青花高足碗、卵白釉"枢府"铭盘、青釉龟形砚滴、青釉荷叶盖罐、月白釉香炉等珍贵瓷器三百余件，其他瓷器标本上万件。由此，集宁路古城遗址被评为2003年度"全国十大考古新发现"。另外，内蒙古文物工作者还对元上都遗址进行了大规模的考古勘探与发掘。发掘清理了御天门、大安阁、穆清阁等重要文物遗迹，真实地再现了元代皇城的宏伟规模，极大地彰

通辽市吐尔基山辽墓主墓室

显了元上都遗址的突出价值。鉴于元上都的特殊历史地位，联合国教科文组织于2012年将其列入世界文化遗产名录——这是内蒙古自治区第一个世界文化遗产。

2009年，赤峰市二道井子夏家店下层文化遗址的考古发掘，揭露面积3500平方米，清理房屋、窖穴、灰坑、墓葬、城墙等遗迹单位近三百处，出土各类文物近千件，该遗址被评为中国社会科学院2009年度"中国六大考古新发现"和2009年度"全国十大考古新发现"。2010年，内蒙古自治区文物考古研究所在通辽市科尔沁左翼中旗舍伯吐镇哈民芒哈发现了一处距今约5500年前的大型史前聚落遗址。共清理出房址43座，墓葬6座，灰坑33座，环壕1条。出土陶器、石器、骨器、蚌器、玉器等文物近千件。特别重要的是，发现了保存完好的半地穴式房屋顶部的木质构架结构痕迹，为近年来东北地区史前考古的重大发现。哈民遗址的考古发掘由此被评为中国社会科学院2011年度"中国六大考古新发现"和2011年度"全国十大考古新发现"。

内蒙古自治区也是我国古代岩画资源最为富集的地区。在锡林郭勒盟、乌兰察布市、巴彦淖尔市、阿拉善盟、乌海市等地，发现古代岩画十万余幅，以阴山岩画、曼德拉山岩画、乌兰察布岩画、桌子山岩画最为典型，时代纵跨上万年。这些岩画以古阴山山脉为中心，东西横亘几千公里，堪称世界上最长的、内容最为丰富的古代艺术画廊。长城是集系统性、综合性、群组性于一身具有突出普遍价值的世界文化遗产，它是当今世界上保存最长、辐射面最广、影响最为深远的文化线路。在内蒙古自治区

乌兰察布市集宁路古城清理出的市肆大街遗址

境内共分布有战国燕、战国赵、战国秦、秦代、西汉、东汉、北魏、隋代、北宋、金代、西夏、明代修筑的长城。这些长城分布于全区12个盟市的76个旗县，总计长度达约7570公里，单体建筑、关堡和相关遗存总数达九千六百余处。内蒙古自治区的长城资源总量，占到了全国长城资源总量的三分之一，无论是时代之多还是体量之大，在全国16个有长城分布的省、自治区、直辖市中，都是位居第一。

　　与考古发现相辅相成的是一大批珍贵文物的出土。目前全区共有馆藏文物50万件（组），其中国家一级文物1790件，二级文物4050件，三级文物6545件。这些文物时代特征鲜明，民族特色浓郁，是内蒙古自治区重要的文化资源。在内蒙古赤峰地区发现的红山文化碧玉龙，堪称"中华之最"，中华文明的曙光。鄂尔多斯市霍洛柴登出土的匈奴王鹰形金冠饰、虎牛咬斗纹金带饰等珍贵文物，是匈奴贵族单于王的重要遗物。乌兰察布市发现的"虎噬鹰"格里芬金牌饰、金项圈，象征着匈奴王权的尊贵与威严。呼伦贝尔市、通辽市、乌兰察布市等地发现的"叠兽纹"、"三鹿纹"金牌饰以及其他的金冠饰、金带饰等文物，都是鲜卑贵族使用的代表性装饰品。赤峰市喀喇沁旗出土的双鱼龙纹银盘、鱼龙纹银壶、波斯银壶，是唐代"草原丝绸之路"上发现的一批重要文物。辽代陈国公主墓出土的黄金面具、龙凤形玉配饰，耶律羽之墓出土的褐釉鸡冠壶、双耳穿带瓶、吐尔基山辽墓出土的彩绘木棺、鎏金宝石镜盒以及造型各异的瓷器、金器、玉器及装饰奢华的马具等，是辽代文物的精品。元上都遗址出土的汉白玉龙纹角柱与柱础，再现了元代皇家宫城建筑的华丽与辉煌的气势。金马鞍是体现蒙古族游牧与丧葬风俗的绝品文物，具有游牧民族"四时迁徙，鞍马为家"的文化特点，又是蒙古贵族"秘葬"风俗习惯的真实反映。而八思巴字的圣旨令牌，是代表元朝皇权的典型文物，既是传达皇帝圣旨与政令的信物，也是蒙元时期军政合一的政治体制特点与国家驿站制度的综合体现。元代瓷器类文物首推青花、釉里红瓷器，其中以包头燕家梁出土的青花大罐，集宁路出土的青花梨形壶、釉里红玉壶春瓶最为珍贵。这些林林总总的文化遗产是内蒙古自治区珍贵的文化资源，是草原文明的主要实物载体，也是草原文化薪火相传的重要实物例证。

三　充分发掘草原文化遗产的重要意义

目前，内蒙古自治区文化遗产保护事业蓬勃发展，取得了累累硕果。重要的考古发现层出不穷，学术研究成果斐然，有力地保障了内蒙古自治区文化事业的健康发展。文化遗产日益成为促进经济社会和谐发展的重要因素，在弘扬中华传统文化、增

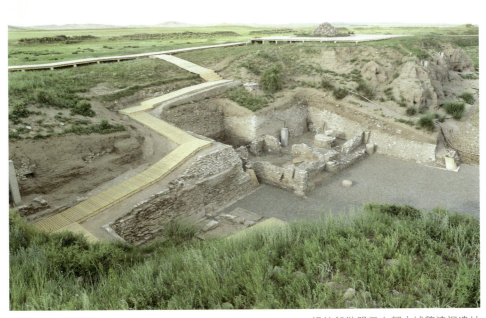

锡林郭勒盟元上都古城穆清阁遗址

强国民凝聚力和向心力、建设社会主义和谐社会等方面发挥着不可替代的重要作用。

首先，文化遗产的发掘研究夯实了草原文化研究的理论基础。内蒙古地区的一系列重大考古发现，极大地丰富了草原考古学文化的内涵。如通过对内蒙古呼和浩特东郊大窑旧石器遗址的考古发掘，发现属于旧石器文化的石器制造场与其他的人类遗迹，相当于北京周口店第一地点的文化面貌，将内蒙古地区人类的历史提升到了50万年；再如红山文化遗址及典型文物碧玉龙的发现，堪称中国第一缕文明的曙光。红山诸文化考古序列的确立，如同中原地区第一次从地层上明确划定了仰韶文化、龙山文化、商文化的时间序列的意义一样，将中国文明的历史从发端到发展的历史脉络勾勒得一清二楚，填补了中国考古学文化的空白，极大地完善了草原文化研究的序列与谱系。

其次，对文化遗产的发掘研究，关系到"两个一百年"奋斗目标和中华民族伟大复兴"中国梦"的实现，也是提高国家文化软实力、建设文化强区的时代需要。文化遗产是一个时代、一个民族文化与文明的物化遗留，是民族文化的精粹，是人们唯一能够看得到、摸得着的文化实体，具有无可比拟的感召力与影响力，也是人类社会可持续发展的重要因子。因此，文化遗产也是人类社会重要的文化资源，对其进行深入

阿拉善盟曼德拉山岩画《狩猎图》

巴彦淖尔市小佘太秦长城遗址

的发掘研究，既是对优秀民族文化的继承与认知，也是为建设文化强区提供精神动力与智力支持。所以，将丰富的文化遗产资源优势转化为强大的发展优势和发展动力，在文化建设上实现新的跨越，这也是提升国家文化软实力、建设文化强区的迫切需要。

再次，对文化遗产的发掘研究，是让文化资源惠及民众的必然要求及有效途径，也是文化大发展、大繁荣的时代需要。文化遗产是国家重要的文化资源，承载的信息量丰富，知名度高，对社会的影响巨大，是丰富人民精神世界、增强人民精神力量的重要介质。人民群众是文化遗产的所有者、鉴赏者和传承者，文化遗产保护必须依靠人民群众，文化遗产保护成果也必须惠及社会，融入社会，为民造福。文化遗产是中华民族文化的结晶，也是中华民族多元一体文化格局的实物见证。弘扬社会主义先进文化，增强全民族文化创造活力，推动文化事业全面繁荣发展，这就是我们实现文化遗产价值的现实需要，也是我们要保护、弘扬文化遗产的根本目的。

乌兰察布市文化遗产综述

胡晓农

"乌兰察布"是蒙古语音译，"乌兰"蒙古语红色的意思，"察布"是蒙古语膳食的敬辞，也含有"淖尔"、"海卜子"、"山的两翼高地"的意思。乌兰察布之名源于清代康熙年间，由先后归附清廷的蒙古四部六旗首次会盟于四子王部辖区内乌兰察布一地而得名[1]。还有另一种观点，据《绥远通志》记载，乌兰察布即为"红山口"之意。"红山口"在归绥城（今呼和浩特市）东北25公里的大青山脚下，历史上为重要军事要塞，亦因会盟于此而得名。

乌兰察布市是内蒙古自治区12盟市之一的二级行政区，现辖一区、一市、四旗、五县，共11个旗县市区，分别为集宁区、丰镇市、察哈尔右翼前旗、察哈尔右翼中旗、察哈尔右翼后旗、四子王旗、商都县、化德县、卓资县、凉城县、兴和县。全市总面积5.45万平方公里，总人口287万。是一个以蒙古族为主体，汉族居多数的少数民族地区。

一　乌兰察布市自然环境概况

乌兰察布市位于祖国正北方、内蒙古自治区的中部。地处东经110°26′～114°49′、北纬40°10′～43°28′之间。北部与蒙古人民共和国接壤，东北部与锡林郭勒盟毗连，东临河北省张家口市，南与山西省大同市为邻。西与呼和浩特市、包头市相接。是晋冀蒙三省区交界处，亦是东西、南北交通的枢纽地带。境内地形地貌自北向南由蒙古高原、乌兰察布丘陵、阴山山脉、黄土丘陵四部分组成。阴山山脉的支脉大青山，辉腾梁横亘中部，海拔为1595米～2150米，最高峰达2271米，辉腾梁最高海拔2118米。支脉蛮汉山、马头山、苏木山蜿蜒曲折分布于境内的东南部。习惯上将大青山以南部分称为前山地区，以北部分称为后山地区。前山地区地形复杂、丘陵起伏、沟壑纵横、间有高山，平均海拔1152米～1321米，其中乌兰察布最高点苏木山主峰海拔为2349米。北部丘陵山间盆地相间，有大小不等的平原。最南部为黄土丘陵。前山地区的旗县市区有：集宁区、卓资县、兴和县、丰镇市、察哈尔右翼前旗、凉城县。后山地区为乌兰察布市丘陵地带，地势南高北低，平均海拔865米～1489米。后山地区南部底质多为岩石，表面覆盖是比较平坦的天然大草原。后山地区旗县有四子王旗、察哈尔右翼中旗、察哈尔右翼后旗、商都县、化德县。境内水系分为外流区和内流区。阴山以南的丘陵地区有外流的黄河水系、永定河水系及一部分内陆河水系的分布，河流多，淖尔少，但黄旗海、岱海等几个较大的湖泊分布亦在这一区域内。阴山以北的内蒙古高原地区，分布着另一部分内陆河水系，河流稀疏，但大小淖尔和积水洼地众多。

乌兰察布市地处中温带，属大陆性季风气候，四季特征明显。因大青山横亘中部的分隔，使得前山地区比较温暖，雨量较多，后山地区是多风的特殊气候。年平均降水量150毫米～450毫米，雨量集中在每年七、八、九月份。年平均气温一般在0摄氏度至18摄氏度之间，无霜期95天～145天。境内有北方的旱作杂粮区及乌兰察布草原，农业区主要为丘陵、谷地。粮食作物以小麦、莜麦、玉米、谷、黍、马铃薯为主，油料作物以胡麻、菜籽为主，豆类作物有大豆、蚕豆、豌豆、绿豆等。畜牧业也是该地区的主体经济。

二 乌兰察布市历史简述

乌兰察布所处的地域，在远古时期就有人类生活。与其相邻的呼和浩特市东郊大窑遗址四道沟地点的石器制造场[2]，经过多次调查发掘，确定为距今约七、八十万年左右。该石器制造场文化层堆积包含有旧石器时代早期、中期和距今约1.2万年以前的旧石器时代晚期的遗存。被考古界命名为"大窑文化"。在周围大青山主脉和辉腾梁支脉的山梁坡地发现了多处石器制造场遗址，其中，在乌兰察布市境内有卓资县火石沟里石器制造场、后营子石器制造场和四子王旗供济堂阿玛乌素石器制造场[3]，这三处遗址的打制石器加工方法都与大窑旧石器制造场相似，主要以各种形状的刮削器为主，其次为砍砸器、尖状器和石核等。以上三处石器制造场距今约一万多年，是乌兰察布市现在所发现最早的人类活动遗存。

进入新石器时代，在距今7000年左右，乌兰察布大地开始出现了仰韶文化人群，以内蒙古中南部贷海地区为中心形成新的考古学文化。其代表性的遗址有凉城县石虎山I、II遗址[4]，并被命名为"石虎山类型"。其绝对年代大约为公元前4800～公元前4200年之间[5]。石虎山I、II遗址是内蒙古中南部新石器时代已发现最早的、具有该地区仰韶文化早期的代表性的遗存。该类遗存主要分布于南部的黄河流域及支流沿岸和凉城县岱海盆地一带。

在公元前4200～公元前3500年间，本地区的仰韶文化进入一个较大的发展繁荣时期，在文化面貌上也出现了空前的统一。代表性遗址有凉城县王墓山坡下遗址[6]，并被命名为"仰韶文化王墓山类型"[7]，亦有称"白泥窑子文化"或"仰韶文化白泥窑子类型"者[8]。

到公元前3500～前3000年间，整个内蒙古中南部的仰韶文化内部发生了分化，受周邻及来自东北的文化因素影响显著，表明整体文化开始走向衰退。以托克托县海生不浪遗址[9]和察哈尔右翼前旗庙子沟遗址[10]为代表，称为"海生不浪文化"[11]或"庙子沟文化"[12]，并划分出三个不同区域的文化类型，即庙子沟类型、海生不浪类型、阿善类型[13]。乌兰察布市境内岱海盆地、黄旗海盆地周围主要分布为庙子沟类型文化遗存。

在公元前3000～前2500年间，内蒙古中南部的仰韶文化原有的文化因素进入了衰退和消失时期，新的文化因素出现，是仰韶文化和龙山文化之间的一个过渡时代。以包头市阿善三期[14]遗存为代表遗址，主要分布在南流黄河沿岸和大青山南麓一带。遗址数量相对比较少，分布范围也有所收缩。在乌兰察布市境内的岱海、黄旗海地区似乎表现为该时期文化的缺失或衰弱[15]。

进入龙山时期，内蒙古中南部以凉城县老虎山遗址为代表的遗存，命名为老虎山文化[16]，该文化存续时间大约在公元前2500～前1900年之间[17]。其文化特征是以斝式鬲为代表的陶器群、窑洞式房屋及石筑的聚落围墙。在内蒙古中南部区域内，根据文化面貌的差异，又分了两个类型，永兴店类型代表着河套及南流黄河两岸的区域，老虎山类型代表着岱海及张家口盆地区域[18]。老虎山类型遗址主要分布在凉城县的岱海周围，以大型的、较为密集的聚落遗址形态出现，均有防御性的石筑围墙及附属祭祀或瞭望功能的设施。这时，可能出现了联系紧密的较大型氏族集团。

在整个新石器时代，本地区原始文化的面貌与中原仰韶文化有着太多的相似性。到了距今5500年的仰韶文化后期，形成具有较强地域特征的"庙子沟文化"（或称"海生不浪文化"）。到了龙山时期，老虎山文化在岱海周边地区发展繁荣起来，大约持续200多年，岱海地区的老虎山文化类型极度衰落，随着老虎山文化向南扩张，双鋬鬲首先传入临汾盆地，向西沿黄河到达伊洛流域，向东影响到河北、山东。不但代替了临汾盆地的陶寺类型，还对中原龙山文化、河北龙山文化、山东龙山文化等，都产生了程度不同的影响，以炊器鬲为代表的饮食习俗，因此也就成为典型的中国早期文化因素之一[19]。

青铜时代，乌兰察布地区环境气候继续向干冷发展，在距今3800年左右，相当于夏代中晚时期，本地区出现了从事半农半牧经济的人群[20]，其人口数量急剧减少，发现的少量遗址主要在岱海盆地周围，是以陶器蛇纹高、蛋形三足瓮为代表的一类遗存，归属于朱开沟文化[21]。这一时期北方的游牧民族开始形成和壮大。

西周至春秋、战国时期，活动在乌兰察布地区的游牧民族主要为赤狄及楼烦，在岱海地区发现了较多的墓地，也反映出了该时期北方游牧与半游牧民族的文化特征。在内蒙古中南部的北方系青铜文化墓葬遗存中，依照地域的分布及同异关系，大体分为三个类型[22]，第一类是以岱海地区为中心，第二类为河套南北地区，第三类为包头地区。其文化内涵均显示出了"百有余戎，然莫能相一"的局面。即使是岱海地区的各墓地间亦反映出了差异性，从人骨鉴定结果看，有东亚人的古华北类型、古中原类型、北亚人种，说明在本地区出现了人种交融的复杂现象。

战国晚期，赵国为了稳定统治，扩土北疆，赵武灵王实施"胡服骑射"的变革。公元前307年"北破林胡、楼烦，筑长城，自代并阴山下，至高阙为塞"[23]。自此乌兰察布阴山南部地区并入赵国的疆土，并分属于云中、雁门、代三郡的管辖。其北部为匈奴的领地。境内的赵北长城由东向西分布于现今兴和县、察哈尔右翼前旗、集宁区、卓资县，长城基本为东西走向，建筑于阴山山脉南麓的山腰处或丘陵地带的缓坡之上和沟谷之间，全长约170公里[24]。同时，在长城南部建筑了一些城市和戍守的障城。分布于卓资县、凉城县、兴和县、察哈尔右翼前旗等地境内。这一时期的城址，是本地区时代最早的城市遗址。

秦王朝建立后，为巩固北疆的统治，向北方扩展势力，公元前215年（始皇三十二年），大将蒙恬率兵北击匈奴。《史记·蒙恬列传》记："秦已并天下，乃使蒙恬将三十万众，北逐匈狄，收河南，筑长城，因地形用险制塞，起临洮至辽东，延袤万余里。"匈奴头曼单于率众北徙阴山北。秦沿袭赵国郡制，今乌兰察布大部分地区隶属代郡、雁门郡、云中郡。秦汉长城在乌兰察布市境内分布有两道：一道由东向西分布于兴和县、察哈尔右翼前旗、丰镇市、凉城县、卓资县，呈东北至西南走向；另一道由南向北分布于凉城县、卓资县、察哈尔右翼中旗，呈由南至北走向[25]。

西汉时期，公元前106年，汉武帝将全国划分为13个监察区，由朝廷派遣刺史，负责巡查吏政，称为十三州。今乌兰察布南部隶属并州刺史管辖，现境内分属有雁门郡、定襄郡、代郡三个郡的辖地。黄旗海、岱海周围地区归雁门郡，卓资县、察哈尔右翼中旗的部分地区归定襄郡，兴和县、商都县、丰镇市的部分地区归代郡。

东汉时期，匈奴族乘中原内乱之机，不断南下入侵，并扶持沿边诸郡的割据势力，重新进阴山以南地区。建武十六年（公元40年）后，汉北边各郡重归汉朝，并由郡县制改为州县制，今乌兰察布地区南部分属定襄郡、雁门郡二郡归并州，代郡为幽州所辖。汉灵帝时（168~189年），定襄、雁门等郡，因战乱不休，名存实亡。建安二十年（215年）后，东汉王朝失去对上述地区的控制。

公元91年，北匈奴西迁后，鲜卑迁徙至匈奴故地，十余万匈奴部落归并鲜卑。2世纪中叶，鲜卑部落的首领檀石槐被推举为鲜卑大人，在弹汗山歠仇水（今兴和县大青山西麓后河流域）设立牙帐，统辖地区划分为东、中、西三部，并设各部大人。东部管辖右北平至辽东，中部管辖右北平至上谷，西部管辖上谷以西至敦煌。乌兰察布市东部成为其统治中心，其余大部地区为西部大人统管。中国北方草原地区基本上纳入了鲜卑军事部落大联盟的统治之下，与东汉王朝形成了南北对峙的局面。235年，鲜卑部落大联盟瓦解。

在2世纪前期，鲜卑拓跋部从呼伦贝尔草原向西南迁至乌兰察布高原，拓跋部首领推演是檀石槐部落大联盟的西部大人之一。由于鲜卑联盟的内乱，离散后的拓跋部在洁汾的率领下，依附了没鹿回部的窦宾，成为其属部。220年，拓跋力微成为酋长，并娶窦宾之女，率余部北居长川（兴和县境内），施德行、招旧部。248年，窦宾死后，力微乘机兼并了没鹿回部落，"控弦上马二十余万"。力微在长川城生活39年，后十年的势力范围大体包括今乌兰察布地区和锡林郭勒西部。258年，力微迁至定襄的盛乐（今和林格尔县土城子古城），组成了一个以拓跋部为首的部落大联盟。

昭皇帝禄官时期，拓跋鲜卑分为东、中、西三部，分别由禄官、猗㐌、猗卢率领。其中猗㐌部居代郡参合陂（今凉城县岱海附近），310年，猗卢统领三部，并被西晋封为代公，后自称代王。338年，什翼犍即位代王，建立代国。376年，前秦苻坚进攻代国，什翼犍被击败，部落离散，代国灭亡。前秦与西晋的"淝水之战"后，什翼犍之孙拓跋珪率部乘势东山再起，386年正月大会诸部于牛川（今察哈尔右翼后旗韩勿拉河流域），即代王位，建元登国。不久迁都盛乐，改称魏王。398年，迁都平城，即皇帝位。493年，孝文帝拓跋宏迁都洛阳。乌兰察布市境内阴山以南地区，分属朔州的云中郡，恒州的凉城郡、善无郡管辖。阴山以北地区属武川、抚冥、柔玄三镇管辖。在北魏王朝的北方草原地区，柔然人于5世纪建立了柔然汗国，与北魏王朝长期对峙，为了防御柔然人南下侵扰，修筑了长城、建立了防御重镇。北魏长城东起河北省赤城县，经乌兰察布市南中部，西至鄂尔多斯市。

534年，北魏分裂东魏、西魏。乌兰察布地区归于东魏。550年，北齐取代东魏；557年，北周取代西魏。580年，北周灭北齐，统一了中国北方。次年，隋王朝取代了北周。6世纪中叶，突厥击灭柔然汗国，中国北方草原地带的主人更换为突厥人建立的突厥汗国。

隋朝时期，乌兰察布地区基本属于隋王朝政权的统辖范围，隋王朝将地方政权改为州县两级政权，后又由州改为郡。本地区分属云州总管府（后改为定襄郡）、恒州总管府（后改为马邑郡）、代州总管府（后改为雁门郡）管辖。开皇十九年（559年），沙钵略可汗的儿子都蓝可汗与西突厥达头可汗反叛犯塞，隋文帝下诏分兵三路出击。在族蠡山（今凉城县西南部）、乞伏泊（今黄旗海）等地进行了激战，突厥大败，败走至阴山北。史载"自是突厥远遁，碛南无虏庭。"[26]内蒙古中南部又已全部成为隋朝的行政管辖区。之前降隋的东突厥启民可汗众部，进入并驻牧于乌兰察布及周围地区，在其北部地区采取了突厥人的统治管理形式，隋朝与东突厥建立了宗藩关系。

唐朝初年，东突厥仍然占据着内蒙古的大漠南北，慑于突厥的强盛，对突厥采取绥靖的政策。唐代前期，乌兰察布南部地区归关内河东道与云州（今大同市）管辖，东北地区归河北道管辖。东突厥汗国灭亡后，唐朝采用建立羁縻府州的制度实行管理，突厥人同时承担起了为唐朝防御北方新兴的薛延陀汗国的重任。整个蒙古高原大部分并入了唐朝的版图，乌兰察布地区归安北都护府管辖。永淳元年（682年），云中都护督府突厥贵族阿史那骨咄纠众反唐，占据黑沙城（今呼和浩特北），自立为颉跌利施可汗，建立了突厥汗国，使管辖今乌兰察布地方的唐朝单于大都护府基本上名存实亡。开元六年（718年）后，该地区又重新归唐朝管辖，并在以前的行政建制州县的基础上，"又于边境置节度，经略使式遏四夷。"[27]涉及今乌兰察布境内辖地的有两个机构，即振武节度使辖区西南部、河东节度使辖区东南部。此外，这一时期，活跃在漠北和散居在准格尔盆地的薛延陀，建立了薛延陀汗国，薛延陀为铁勒的一支。薛延陀汗国于贞观十九年（645年）为唐朝所灭亡，薛延陀和突厥部众的降户被安置于定襄、云中二都督府。其后，铁勒各部都归附了唐朝，唐朝设立燕然都护府主管漠北事务，下辖13个羁縻府州，分别由铁勒、薛延陀等各部酋长统领，唐朝统一了整个蒙古高原。随着唐朝末年的农民大起义发生，中国进入了纷乱的五代十国时期。居住在西拉沐沦河、老哈河流域的契丹族，乘势西扩至黄河以东地区。

神册元年（916年），契丹族建立了辽王朝。其统治管理实施南北分制的两套体系，即"以国制治契丹，以汉制待汉人"[28]的双轨制。辽朝南部共设五京，今乌兰察布地区属西京道（今大同市）管辖。其中，察哈尔右翼前旗、察哈尔右翼中旗、察哈尔右翼后旗、卓资县的北部，属丰州管辖。丰镇市、凉城县、卓资县的北部属宣德州管辖。兴和县、商都县、化德县、察哈尔右翼前旗东部属奉圣州管辖。四子王旗属倒塌岭节度使司管辖。

天庆四年（1114年），女真族首领完颜阿骨打率诸部起兵反辽，次年称帝建国，国号大金。1125年，辽朝灭亡，金占据辽地后，仍袭辽制，设五京。今乌兰察布地区属西京路（今大同市）管辖。察哈尔右翼中旗、察哈尔右翼后旗、集宁区、卓资县、凉城县、丰镇市属大同府管辖。察哈尔右翼前旗、兴和县、商都县、化德县属宣德州管辖。四子王旗属丰州管辖，其境内的天山县后升为净州。金朝为了防御日益强大的北方游牧蒙古族南下，建筑了金界壕（金代长城）和沿线戍守的城池、边堡。在乌兰察布境内北部有保存较为完整的金界壕，并分为南段、中段、北段，分布于化德县、商都县、察哈尔右翼后旗、四子王旗境内。其地由汪古部戍守。

12世纪至13世纪初，从东北大兴安岭走出了统一的蒙古族各部，先后灭掉了金、西夏、南宋等，于1271年建立元朝，元朝政府在朝廷设立中书省和11个行中书省，省（行省）下设路、府、州、县。乌兰察布地区属中书省管辖，成为蒙元王朝统治中心"腹里"地区的重要组成部分。本地区分别属净州路、集宁路、兴和路、大同路、砂井总管府管辖。其中净州路和集宁路是汪古部的领地之一。汪古部是唐朝时被驱散的滞留在阴山以北地区的回鹘余部，属突厥语系，辽时期称为阴山室韦或阴山鞑靼，金朝称之为白鞑靼，民族成分比较复杂，由雁门北的沙陀人、回鹘散部等组成。曾为金王朝守卫界壕，为成吉思汗征战乃蛮部，在灭金、攻宋的战役中屡建战功。汪古部首领先后封王，并与元朝蒙古王室结为世代姻亲关系，成为元王朝地位显赫的一个部落，其领地有砂井、集宁、净州、按答堡子。从文献记载看，汪古部内分为赵王家族、马氏汪古、赵氏汪古和耶律氏汪古。马氏汪古在辽亡时，被金强迁往辽东，金天会二年（1124年）在首领伯索麻也里束带领下，举族迁至阴山以北净州天山县驻牧，其后世居净州路达三百多年[29]。元朝推行重农政策，设置了畜牧业的专门管理机构。境内众多的城市兴建，有着草原城镇的特点，这些城镇多分布于各大驿路的交通线及其附近：一部分城市作为路、州的治所，是政治、经济、文化中心，城中设置有官署、庙学、寺院、作坊、店铺、居民区等，同时，移民了中原各类手工业者，使城市的手工业有了规模性的发展；另一部分是中、小城镇，建制基本上是有城无市，是一种城堡式的建筑，可能为军屯、驿站或投下的小邑城。元朝设立有四通八达的驿路、驿站，从乌兰察布境内通过的驿路（木怜道）有三条，形成了东西、南北陆路商贸、交通的枢纽地带，最主要的商品是瓷器和丝绸等。同时也是供给漠北政权机构、军队及民众的粮食的仓储、集散基地之一。蒙古人、汪古人、汉人、西域人等各色人往来于此。这一时期乌兰察布地区的人口剧增，村落密布。元朝政权为了巩固统治地位，对各种宗教采取兼容和优惠的政策，有多种宗教传入了本地区，主要有萨满教、佛教、道教、景教、伊斯兰教等，使得人们在意识形态上形成空前的自由和开放的局面。

明洪武元（1368年）八月，明军攻克元大都（今北京市），更名北平。又经过几年的向北的征战，元朝政权北遁大漠，史称之为"北元"。战后明朝废除了元朝以来的州制，建立了一系列的军事行政建制，在北方草原上形成了明朝与蒙古部落长期对峙的局面。洪武六年（1373年），明太祖因北边沙漠屡遭蒙古部落抢掠，将东胜、丰州、云内等州的民众"徙民于中立府"[30]，明朝的防线也由大青山南麓移至东胜卫城至凉城县蛮汉山一线，开始设置边镇，修筑长城。在今乌兰察布地区设置的主要军事机构是卫、所，有察罕脑儿卫，洪武七年（1374年）置，今商都县境内；宣德卫，洪武二十六年（1393年）置，今凉城县境内，隶属山西行都司；兴和守御千户所，洪武三十年（1397年）置，辖今兴和县部分地区，隶属北平都司，在永乐元年（1403年）改隶后军都府；官山等处军民千户所，洪武三年（1370年）置，今察哈尔右翼中旗境内；官山卫，洪武八年（1375年）置，今卓资县境内。其设置的卫、所，多数是用来安置降附的蒙古部众的羁縻卫、所。到了明成祖永乐年间，由于明朝防御收缩，这些卫、所大多数被废弃，明长城以北大部地区已被废为边外之地。此后，到明朝的中后期，北元政权势力较弱，蒙古部族内部混战，相继出现了几大部族集团政治实体，乌兰察布地区基本为蒙古部族所控制，并成为一个巨大的战场，人口向南迁徙，城池、村落废弃，土地荒芜。到了16世纪中叶，俺达汗统一漠南的蒙古各部后，与明朝修好，封贡互市，以"归化"（今呼和浩特市）为统治中心，惠及于本地区经济的恢复，开发为半农半牧区。

1636年，漠南蒙古16部49个封建领主先后归附后金，皇太极称帝，建国号大清。清廷在漠南蒙古地区推行盟旗管理制度。康熙初年，先后将游牧于呼伦贝尔草原的乌拉特部落、茂明安部落、四子王部落和漠北的喀尔喀右翼部落（即达尔罕旗），赐驻牧于阴山北麓。以该4部6旗组成盟旗制，约在康熙九年（1670年），会盟于四子王旗境内，于是有了"乌兰察布盟"的称谓，直隶理藩院，由绥远城将军衙署节制管辖。乾隆二十年（1755年），土默特部以大青山北麓四个苏木设置土默特辅国公旗，隶乌兰察布盟，乾隆二十四年（1759年），撤销该旗，其地域归土默特右翼旗。

康熙十四年（1675年），张家口、宣化、大同边外地按满洲八旗制，编为察哈尔左、右两翼的蒙八旗。右翼正黄、正红、镶红、镶蓝四旗分布在今乌兰察布境内，分别据于今集宁区、丰镇市、察哈尔右翼前旗、察哈尔右翼后旗、兴和县、商都县（西南部）、凉城县、卓资县、察哈尔右翼中旗等部分区域。今化德县和商都县东北部地区编在察哈尔左翼的镶黄旗内。察哈尔八旗隶于理藩院典属司，由设在张家口的察哈尔都统管辖。

由于察哈尔右翼四旗的垦务和汉户的增多，为便于管理，清廷在这一地区也增设厅制。乾隆十五年（1750年），在大同边外置丰镇厅，管理察哈尔右翼四旗旗、民事务，隶山西大同府，光绪十年（1884年）改隶归绥道；同年，置宁远厅，分理察哈尔右翼四旗旗、民事务，隶山西朔平府，光绪十年改隶归绥道；光绪二十九年（1903年），析丰镇厅东部置兴和厅，析宁远厅北部置陶林厅；析归化厅（今呼和浩特市）北境及四子王旗、达尔罕旗等垦地村落置武川厅，主要管理本厅垦区和四子王旗、茂明安旗、喀尔喀右翼旗汉民事务，以上厅均隶归绥道。如此，察哈尔右翼四旗与以上五厅也形成一地两治的局面。

民国时期，民国政府设绥远城将军衙署，乌兰察布盟六旗和丰镇、兴和、宁远、陶林、和林格尔、清水河、武川以及归化、托克托、萨拉齐各厅归其监督节制，但行政管辖权仍属山西省归绥道。

民国三年（1914年）曾建绥远特别区，所辖有归绥、萨拉齐、托克托、和林格尔、清水河、武川、五原、东胜等八县。原有的绥东四县（丰镇、兴和、陶林、凉城）则划归察哈尔特别区。民国七年（1928年）改特区为绥远省，当时废道存县，又将绥东四县由察哈尔省划归绥远省，连同民国十二年以后增设的包头、集宁、安北、固阳、临河等五县，共17个县均为绥远省所辖。察哈尔右翼四旗和商都县转而归属察哈尔省。1935年至1937年，日军占领了察哈尔省北部、绥远省大部地区，成立了伪蒙古联盟自治政府。后乌兰察布盟又归属于设在张家口的伪蒙疆联合自治区府管辖。1941年8月，蒙疆政府改为蒙古联合自治邦政府。抗日战争结束后，乌兰察布盟复属于绥远省管辖。

中华人民共和国成立后，乌兰察布盟管辖四子王旗、达尔罕、茂明安、乌拉特中公、乌拉特东公、乌拉特西公六旗。集宁专员公署管辖集宁、丰镇、陶林、龙胜、武川、兴和6县。和林专员公署管辖和林、清水河、托克托、凉城4县。1958年，经国务院批准，平地泉行政区建制撤销，所辖地区归乌兰察布管辖。同时，乌兰察布原辖乌拉特前旗、乌拉特中后联合旗划归巴彦淖尔。同年，乌兰察布行政机关由固阳迁至集宁。这时的乌兰察布盟辖有：1市、6旗、11县共18个县级区域，即集宁市、达尔罕茂明安联合旗、四子王旗、土默特旗、察哈尔右翼前旗、察哈尔右翼后旗、察哈尔右翼中旗、丰镇县、凉城县、和林格尔县、清水河县、武川县、卓资、兴和县、托克托县、萨拉齐县、固阳县、武东县。在此以后的几十年里，行政区划也有了很大的变化，其中，武东县、土默特旗撤消，土默特左旗、土默特右旗建立划出，商都县、化德县划入，固阳县、苏尼特右旗、二连市划出，丰镇撤县建市。1995年～1996年，和林县、清水河县、武川县划归呼和浩特市，达茂旗划归包头市。2003年12月，乌兰察布撤盟设市。共辖有11个旗县市区。其中主体民族为蒙古族，汉族居多数，其他有回族、满族、达斡尔族、朝鲜族、鄂温克族、苗族、藏族、土族、维吾尔族等20多个少数民族。

三 乌兰察布市文物考古事业的发展

乌兰察布市为原乌兰察布盟（简称乌盟），其行政管辖的旗县市区，从20世纪50年代至今，历经数次变更，不断地调整减少，形成了现在所辖的一区、一市、四旗、五县，共11个旗县市区的行政管理格局。探讨乌兰察布市文物考古事业自建国以来的发展状况，不免要涉及文物工作者在原属地的工作情况，进而努力做到全面反映乌兰察布文物考古事业的发展过程。

乌兰察布盟文物工作机构最早成立于1958年10月，由乌盟行政公署批准成立乌兰察布盟文物工作站，隶属于乌兰察布盟行署文化局。1962年精简机构，撤销了乌盟文物站。其间文物站的工作职能由盟文化局和文化馆兼管。1977年5月乌盟行署根据文物事业发展的需要，重新恢复了乌盟文物工作站。1992年8月，为进一步适应文博事业的发展和"八五计划"的要求，经乌盟行署批准，在盟文物工作站基础上，建立乌兰察布博物馆。2003年12月国务院批准乌兰察布市撤盟设市，2004年8月乌兰察布博物馆正式更名为乌兰察布市博物馆。20世纪80年代以后，各地陆续成立了旗县级文物保护管理所机构，隶属于当地文化局，全市从事文物工作的人员110余人。

乌兰察布地区旧石器时代考古工作，始于20世纪70年代，主要以当时内蒙古博物馆汪宇平先生的调查和发现为主，在发现"大窑文化"过程中，在其周围大青山主脉和辉腾梁支脉的山梁坡地发现了多处石器制造场遗址，其中在乌兰察布市境内有卓资县火石沟里石器制造场、后营子石器制造场、武川县二道洼石器制造场、四子王旗供济堂阿玛乌素石器制造场[31]，以上几处石器制造场距今约一万多年。1972年9月，由中国科学院古脊椎动物与古人类研究所、北京大学历史系考古专业、内蒙古博物馆及内蒙古文物工作队所组成的联合调查组，对察哈尔右翼中旗义发泉细石器文化遗址进行了调查和试掘工作[32]。经研究表明，该遗址代表着内蒙古中南部细石器文化遗存面貌。

新石器时代的考古发现与研究，始于20世纪50年代，主要在当时的乌兰察布辖区的黄河沿岸地区，开展一系列的考古调查、发掘工作。主要的工作单位有内蒙古自治区文物工作队、内蒙古大学、内蒙古社会科学院历史研究所等。调查发现了几十处仰韶文化时期和龙山文化时期的遗址[33]。基本上研究清楚了内蒙古中南部黄河沿岸的新石器时代的文化面貌。

从20世纪80年代以后，内蒙古中南部地区的新石器时代考古，通过了专题调查和第二次文物普查工作，进入了大规模的遗址考古发掘的阶段，随之这一地区的考古学文化谱系得以建立。在当时乌兰察布地区辖属地，主要分为四个区域，一为南流黄河的东岸及浑河流域地区；二是岱海盆地地区；三为黄旗海南岸地区；四是商都县、化德县丘陵沙地区域。在一区的发掘遗址有清水河县白泥窑子遗址[34]、清水河县后城嘴遗址[35]、清水河县庄窝坪遗址[36]、清水河县岔河口遗址[37]、清水河县城嘴子遗址等[38]。在二区内由内蒙古文物考古研究所等主持发掘的遗址有：凉城县石虎山Ⅰ、Ⅱ遗址[39]、凉城县王墓山坡上、中、下遗址[40]、凉城县红台坡坡上、坡下遗址[41]、凉城县东滩遗址[42]、凉城县狐子山遗址[43]、凉城县老虎山遗址[44]、凉城县园子沟遗址[45]、凉城县西白玉遗址[46]、凉城县面坡遗址[47]、凉城县大庙坡遗址等[48]。在三区内由内蒙古文物考古研究所主持发掘的遗址有察哈尔右翼前旗庙子沟遗址、大坝沟遗址[49]。在四区内由内蒙古文物考古研究所等主持发掘的遗址有商都县章毛勿素遗址[50]。此外，内蒙古文物考古研究所发掘了丰镇市北黄土沟遗址[51]。乌兰察布地区的新石器时代考古，对内蒙古中南部地区的田野考古工作，起到了引领作用，通过考古学者的较深入研究，基本构建起了本地区的新石器时代的考古学文化框架[52]。

乌兰察布地区发现的青铜时代文化遗存，多集中在岱海盆地周围，经内蒙古文物考古研究所正式清理发掘早期的遗址，有凉城县杨厂沟遗址[53]、凉城县板城遗址[54]等。清理发掘中晚期的遗址，有凉城县毛庆沟墓地[55]、饮牛沟墓地[56]、崞县窑子墓地[57]、忻州窑子墓地[58]、小双古城墓地[59]等。上述遗址和墓地时代为相当于夏代、西周和战国时期的遗存。这时期遗存反映出了农牧业的共存和人种组成较为复杂的现象。

战国秦汉时期考古，在本地区开展主要以考古调查为主，亦进行了少量的考古发掘工作。内蒙古文物考古工作者对战国、秦汉两段长城多次进行专题调查。在本地区的第三次全国文物普查数据中，发现战国秦汉时期的遗址、墓葬260余处[60]，主要分布于阴山以南地区，大部分遗址为战国遗址，秦汉沿用，多为戍边的障城、屯田的村落遗址。经过考古发掘的战国时期的遗址、墓葬有卓资县三道营古城[61]、卓资县城卜子城址[62]、卓资县土城子村遗址[63]、丰镇市黑圪塔洼十一窑子墓地[64]等。发掘两汉时期的墓葬有凉城县北营子墓群[65]、察哈尔右翼前旗呼和乌素墓葬[66]，1991年乌兰察布博物馆主持发掘了和林格尔县城麻沟墓葬[67]等，以上三处墓葬均为中原式的汉族人墓地。考古发掘的东汉晚期鲜卑墓地有察哈尔右翼后旗二兰虎沟[68]、赵家房子[69]、三道湾[70]、商都县东大井[71]、察哈尔右翼前旗下黑石沟[72]、兴和县叭沟[73]等。这些墓地的规模较大，部分墓地延续至北魏时期。在墓葬结构、葬俗、人类体质等诸多方面有着较多的共性，是拓跋鲜卑南迁至本地区的早期遗存。基本反映出了这一时期的拓跋鲜卑以本地区为政治、经济、文化中心的文化面貌。此外，还对一些古城址进行了史迹的考证工作。在西汉时期，雁门郡的沃阳县城址、参合县城址考证为今凉城县的双古城古城和板城村古城[74]；定襄郡的武要县，经考证为今卓资县三道营古城[75]；代郡的延陵县经考证为今兴和县南湾村城址[76]或为大同夭沙河沟地遗址（城址）[77]。汉代且如县城设在今兴和县台基庙乡境内。

魏晋南北朝时期的考古工作，在本地区主要以考古调查为主，考古发掘只局限于墓葬发掘。对分布于阴山北的北魏六镇之武川、抚冥、柔玄进行了调查和考证，四子王旗乌兰花土城子城址为抚冥镇[78]，察哈尔右翼后旗白音查干镇东北城址为柔玄镇[79]，武川县二份子城址为武川镇[80]，兴和县土城子为北魏长川城[81]。这一时期的墓葬发掘有察哈尔右翼中旗的七郎山墓地[82]、化德县陈武沟墓地[83]、察哈尔右翼前旗呼和乌素墓葬[84]。此外，本地区出土了较多的有关鲜卑重要文物，凉城县小坝子滩出土"猗㐌金"金饰牌、"晋鲜卑归义侯"金印、"晋鲜卑率善中郎将"银印[85]。商都县石豁子村出土的"大元"铜壶、熊足铜案[86]。达尔罕茂明安联合旗西河子乡出土金龙项饰、牛头鹿角金步摇冠饰、马头鹿角金步摇冠饰[87]。对于拓跋鲜卑文化的研究，乌兰察布地区是一个较为重要的环节，随着考古工作开展与深入，本地区的发现与研究必将起到积极的推动作用。

隋唐时期，其王朝的统治在边疆实施羁縻府、州制，本地区多为归降北方游牧民族突厥族的辖地，而且动乱不断。考古发现的遗址极少，现确定的城址只有察哈尔右翼中旗园山子古城[88]。

辽代的文物考古工作，在乌兰察布地区开展较早，20世纪80年代初，乌盟文物工作站配合内蒙古自治区文物考古研究所，发掘了较为著名的察哈尔右翼前旗壕欠营墓地，六号墓中出土一具保存完好的契丹女尸[89]，同时出土了完整的铜丝网络、鎏金铜面具和丝织品服饰。契丹女尸是国内发现唯一完整的辽代女尸，对研究辽代的丧葬习俗、服饰、丝织品、发型、人类体质、古尸保护等方面，有着极为丰富的学术价值，填补和补充文献记载的不足，对于全国的辽代考古界来说，也是一个重大的发现。此外，还对兴和县尖山子辽墓[90]、商都县前海子辽墓[91]、卓资县忽洞坝辽墓[92]、凉城县崞县窑子辽墓[93]、丰镇市九墩沟辽墓[94]、察哈尔右翼前旗白家湾遗址[95]等，进行了清理发掘工作。本地区还出土了一批辽代文物精品，如丰镇市永善庄出土的金花银碗[96]、卓资县忽洞坝出土的银盏托、察哈尔右翼前旗壕欠营出土的定窑白瓷注、玉壶春瓶等、商都县前海子出土的玉盅、玉碗等。

金代的文物考古工作，在本地区多是以田野调查工作为主，所发现遗址文化内涵多为复合型，延用至元代。调查发现了大量的城址和村落遗址，城址主要分布于金界壕以南、阴山两侧的丘陵地带，在北部的多为戍守的边堡，南部为新筑的城郭。经过考证的有四子王旗城卜子古城址为丰州下属天山县[97]，凉城县天成村古城址为大同府属县天成县城址[98]，凉城县淤泥滩古城址为宣德州属宣宁县城址[99]，察哈尔右翼前旗土城子城址（元集宁路古城）为宣德州属集宁县城址[100]，兴和县台基庙古城址为宣德州威宁县城址[101]。经过发掘的金代遗址有察哈尔右翼后旗石门口遗址[102]、察哈尔右翼前旗土城子城址（元集宁路古城）的金代遗存[103]、集宁区榆树湾遗址[104]等，乌兰察布文物站还曾清理发掘武川县大顺城金墓、乌兰窑子金墓[105]等。2008至2012年，自治区长城组办对境内的金界壕进行了较为系统的调查工作，并对金界壕附近的部分城址进行了测绘。此外，在商都县八号村曾出土过金代钱币窖藏，整理约有39570枚，重180公斤，约有50余种，年代从西汉至金代[106]。

元代的文化遗存，是乌兰察布境内在历史时期的政治、经济、文化发展最为鼎盛的时期。在城址、村落遗址、墓葬中出土文物十分丰富。在20世纪50年代，自治区的文物考古工作者，陆续开始对元代遗址进行考古调查、发掘、考证工作，经过考证的有四子王旗城卜子古城为汪古部投下的净州路古城址（金代天山县升）[107]，四子王旗红格尔苏木大庙古城为汪古部投下的沙井总官府[108]，察哈尔右翼前旗巴音塔拉镇土城子古城为汪古部投下的集宁路古城址（金代集宁县升）[109]，凉城县淤泥滩古城为大同路属县宣宁县城址[110]，察哈尔右翼前旗三号地乡苏集村南古城为平地县城址[111]，兴和县台基庙古城址为兴和路属下的威宁县城址[112]。另外有一大部分的汪古部投下城址未考证明确。经过发掘过的城址有察哈尔右翼前旗集宁路古城址[113]、察哈尔右翼后旗韩元店古城址[114]、察哈尔右翼中旗广益隆城址[115]等。发掘的遗址有察哈尔右翼前旗合井遗址[116]、凉城县榆树林遗址[117]等。在境内的阴山以北地区发掘的元代墓葬，是以汪古部属墓葬为主，经过考古发掘的墓葬有四子王旗潮洛温克钦墓地[118]、王墓梁耶律氏家族陵园[119]、砂井总管府附近墓葬群[120]、察哈尔右翼后旗种地沟墓地[121]、兴和县五甲地墓地[122]等。这类墓葬均为竖穴土坑墓，随葬品较少，其特点为有景教墓顶石，随葬有桦树皮顾姑冠、鞋垫等。元代汉人墓葬主要发现于阴山的南部地区，发掘有察哈尔右翼前旗土城子周围的墓葬[123]、二道梁元代砖室墓[124]、凉城县崞县窑子后德胜元代壁画墓[125]等。这类墓葬有竖穴土坑墓、砖券墓两种，出现的壁画墓制作较精美，壁画的题材多与宋人相近，为居家、花卉、二十四孝、神兽、招魂等图画，反映出与中原汉人文化联系的紧密性。

明代时期的考古工作，在乌兰察布地区开展较晚，其遗址分布极少，这与明朝的建立与北元政权在此对峙，大量人口南移，战争拉锯不断有很大的关系。到16世纪中叶，俺达汗与明朝修好后，又逐渐恢复开发长城以北地区。明朝在本地区的南部修筑长城后，设置了一些军事卫所，其中经考证卓资县三道营古城为官山卫城址[126]，凉城县淤泥滩古城为宣宁卫城址[127]。2008至2012年，内蒙古自治区长城组办对境内的明代长城进行了较为系统的调查工作[128]。

在20世纪80年代中期，乌兰察布地区开展了第二次全国文物普查工作，普查发现的现辖区域内的不可移动文物遗址点1333处。2007年4月至2011年12月，在第三次全国文物普查工作中，乌兰察布市调查登记不可移动文物点3071处，包括古遗址2477处，古墓葬246处，古建筑53处，石窟寺及石刻54处，近现代重要史迹及代表性建筑240处，其它1处。其中，新发现1750处，复查1321处；另外，登记消失不可移动文物点94处。目前，乌兰察布市有国家级重点文物保护单位7处，自治区级文物保护单位21处，区市旗县级文物保护单位293处。

注释

[1] 《乌兰察布史略》，《乌兰察布文史资料（第十一辑）》，乌盟政协文史资料研究委员会，1997年。

[2] 汪宇平：《呼和浩特市东郊旧石器时代石器制造场1983年发掘报告》，《史前研究》1981年第2期。

[3] 汪宇平：《内蒙古阴山地带石器制造场》，《内蒙古文物考古》创刊号1981年。

[4] 内蒙古考古研究所、日本京都中国考古学研究会、岱海地区考察队：《石虎山遗址发掘报告》，内蒙古自治区考古研究所、日本京都中国考古学研究会编著《岱海考古（二）》，科学出版社，2001年。

[5] 塔拉主编：《草原考古学文化研究》，内蒙古教育出版社，2007年。

[6] 同注[5]。

[7] 田广金：《论内蒙古中南部史前考古》，《考古学报》1997年第2期。

[8] 韩建业：《中国北方地区新石器时代研究》，文物出版社，2003年。

[9] 北京大学考古系、内蒙古文物考古研究所、呼和浩特市文物事业管理处：《内蒙古托克托县海生不浪遗址发掘报告》，《考古学研究（三）》，科学出版社，1997年。

[10] 内蒙古文物考古研究所魏坚编著：《庙子沟与大坝沟》，中国大百科全书出版社，2003年。

[11] 田广金：《内蒙古中南部仰韶时代文化遗存研究》，《内蒙古中南部原始文化研究文集》，海洋出版社，1991年。

[12] 内蒙古文物考古研究所魏坚编著：《庙子沟与大坝沟》，中国大百科全书出版社，2003 年。

[13] 魏坚：《庙子沟与大坝沟有关问题试析》，《内蒙古中南部原始文化研究文集》，海洋出版社，1991 年。

[14] 内蒙古社会科学院蒙古史研究所、包头市文物管理所：《内蒙古包头市阿善遗址发掘简报》，《考古》1984 年第 2 期。

[15] 塔拉主编：《草原考古学文化研究》，内蒙古教育出版社，2007 年。

[16] 韩建业：《中国北方地区新石器时代文化研究》，文物出版社，2003 年；田广金：《内蒙古中南部龙山时代文化遗存研究》，《内蒙古中南部原始文化研究文集》，海洋出版社，1991 年。

[17] 塔拉主编：《草原考古学文化研究》，内蒙古教育出版社，2007 年。

[18] 同注 [17]。

[19] 同注 [17]。

[20] 田广金、郭素新：《北方文化与草原文明》，《内蒙古文物考古文集（第二辑）》，中国大百科全书出版社，1997 年。

[21] 内蒙古考古研究所、鄂尔多斯博物馆：《朱开沟——青铜时代早期遗址发掘报告》，文物出版社，2000 年。

[22] 杨建华：《东周时期北方系青铜文化墓葬习俗比较》，科学出版社，2005 年。

[23] 《史记》卷一百十《匈奴列传》。

[24] 内蒙古自治区长城资源调查资料。

[25] 同注 [24]。

[26] 《隋书》卷四十八《杨素传》。

[27] 《旧唐书》卷三十八《地理志》。

[28] 《辽史》卷四十五《百官制一》。

[29] 内蒙古文物考古研究所、乌兰察布博物馆、四子王旗文物管理所：《四子王旗城卜子古城及墓葬》，《内蒙古文物考古文集（第二辑）》，中国大百科全书出版社，1997 年。

[30] 《明太祖实录》洪武六年九月丙子。

[31] 汪宇平：《内蒙古阴山地带石器制造场》，《内蒙古文物考古》1981 年创刊号。

[32] 内蒙古博物馆、内蒙古文物工作队：《察右中旗大义发泉村细石器文化遗址调查和试掘》，《考古》1975 年第 1 期。

[33] 李逸友：《清水河县和郡王旗等地发现的新石器时代文化遗址》，《文物参考资料》1957 年第 4 期；汪宇平：《内蒙古清水河县白泥窑子村的新石器时代遗址》，《文物》1961 年第 9 期；汪宇平：《清水河县台子梁的仰韶文化遗址》，《文物》1961 年第 9 期；贾洲杰：《内蒙古中南部考古调查》，《考古》1962 年第 2 期；内蒙古历史研究所：《内蒙古中南部黄河沿岸新石器时代遗址调查》，《考古》1965 年第 10 期；内蒙古历史研究所：《内蒙古清水河县白泥窑子遗址复查》，《考古》1966 年第 3 期；吉发习：《内

蒙古托克托县新石器时代遗址调查》，《考古》1978 年第 6 期。

[34] 崔璇：《白泥窑子考古纪要》，《内蒙古文物考古》1986 年第 4 期；崔璇、斯琴：《内蒙古清水河白泥窑子 C、J 点发掘简报》，《考古》1988 年第 2 期；崔璇：《内蒙古清水河白泥窑子 L 点发掘简报》，《考古》1988 年第 2 期；内蒙古社会科学院历史研究所考古研究室：《清水河县白泥窑子遗址 K 点发掘报告》，《内蒙古文物考古文集（第二辑）》，中国大百科全书出版社，1997 年；内蒙古社会科学院历史研究所考古研究室：《清水河县白泥窑子遗址 A 点发掘报告》，《内蒙古文物考古文集（第二辑）》，中国大百科全书出版社，1997 年；内蒙古社会科学院历史研究所考古研究室：《清水河县白泥窑子遗址 D 点发掘报告》，《内蒙古文物考古文集（第二辑）》，中国大百科全书出版社，1997 年。

[35] 内蒙古文物考古研究所、清水河县文物管理所：《清水河县后城嘴遗址》，《内蒙古文物考古文集（第二辑）》，中国大百科全书出版社，1997 年。

[36] 乌兰察布博物馆、清水河县文物管理所：《清水河县庄窝坪遗址发掘简报》，《内蒙古文物考古文集（第二辑）》，中国大百科全书出版社，1997 年。

[37] 王大方、吉平：《内蒙古岔河口遗址考古新发现》，《丝绸之路》1998 年第 6 期。

[38] 内蒙古自治区文物考古研究所：《清水河县城嘴子遗址发掘报告》，《内蒙古文物考古文集（第三辑）》，科学出版社，2004 年。

[39] 内蒙古考古研究所、日本京都中国考古学研究会、岱海地区考察队：《石虎山遗址发掘报告》，内蒙古文物考古研究所、日本京都中国考古学研究会编著：《岱海考古（二）》，科学出版社，2001 年。

[40] 内蒙古文物考古研究所等：《岱海考古（三）——仰韶文化发掘报告集》，科学出版社，2003 年。内蒙古考古研究所、日本京都中国考古学研究会、岱海地区考察队：《王墓山坡上遗址发掘报告》，内蒙古文物考古研究所、日本京都中国考古学研究会编著：《岱海考古（二）》，科学出版社，2001 年。

[41] 内蒙古文物考古研究所等：《岱海考古（三）——仰韶文化发掘报告集》，科学出版社，2003 年。

[42] 同注 [41]。

[43] 同注 [41]。

[44] 内蒙古文物考古研究所：《岱海考古（一）——老虎山文化遗址发掘报告集》，科学出版社，2000 年。

[45]—[48] 同注 [44]。

[49] 内蒙古文物考古研究所编著：《庙子沟与大坝沟》，中国大百科全书出版社，2003 年。

[50] 内蒙古文物考古研究所、乌兰察布博物馆、商都县文物管理所：《商都县章毛乌素遗址》，《内蒙古文物考古文集（第二辑）》，中国大百科全书出版社，1997 年。

[51] 内蒙古文物考古研究所、丰镇市文物管理所：《丰镇市北黄土沟遗址发掘简报》，《内蒙古文物考古文集（第二辑）》，中国大百科全书出版社，1997 年。

[52] 田广金：《论内蒙古中南部史前考古》，《考古学报》1997 年第 2 期；韩建业：《中国北方地区新石器时代文化研究》，文物出版社，2003 年。

[53] 内蒙古考古研究所等：《凉城县杨厂沟遗址清理简报》，《内蒙古文物考古》1991 年第 1 期。

[54] 王连葵：《河套和岱海地区夏商时期文化初探》，《内蒙古中南部原始文化研究文集》，海洋出版社，1991 年。

[55] 内蒙古文物工作队：《毛庆沟墓地》，《鄂尔多斯青铜器》，文物出版社，1986 年。

[56] 内蒙古文物工作队：《凉城县饮牛沟墓地清理简报》，《内蒙古文物考古》第 3 期。

[57] 内蒙古文物考古研究所：《凉城县崞县窑子墓地》，《考古学报》1989 年第 1 期。

[58] 内蒙古文物考古研究所：《内蒙古凉城县忻州窑子墓地发掘简报》，《考古》2009 年第 3 期。

[59] 曹建恩、孙金松、党郁：《内蒙古凉城县小双古城墓地发掘简报》，《考古》2009 年第 3 期。

[60] 乌兰察布市第三次全国文物普查资料。

[61] 李兴盛：《内蒙古三道营古城调查》，《考古》1992 年第 5 期。

[62] 内蒙古自治区文物考古研究所、乌兰察布博物馆：《卓资县城卜子古城遗址调查发掘简报》，《内蒙古文物考古文集（第三辑）》，科学出版社，2004 年；内蒙古师范大学历史文化学院考古文博系、内蒙古自治区文物考古研究所：《卓资县城卜子古城遗址 2110 年发掘简报》，《草原文物》2011 年第 1 期。

[63] 内蒙古自治区文物考古研究所、乌兰察布博物馆、卓资县文物保护管理所：《卓资县土城子村遗址发掘简报》，《草原文物》2013 年第 2 期。

[64] 乌兰察布博物馆:《内蒙古丰镇市十一窑子战国墓葬清理简报》，《考古》2003 年第 1 期。

[65] 乌兰察布盟文物工作站：《凉城县北营子汉墓发掘简报》，《内蒙古文物考古》1991 年第 1 期。

[66] 《呼和乌素墓葬》，《内蒙古中南部汉代墓葬》，中国大百科全书出版社，1998 年。

[67] 《城麻沟墓地》，《内蒙古中南部汉代墓葬》，中国大百科全书出版社，1998 年。

[68] 郑隆：《内蒙古文物工作组再一次调查二兰虎沟的匈奴墓群》，《文物参考资料》1956 年第 11 期。

[69] 盖山林：《内蒙古察右后旗赵家房村发现匈奴墓群》，《考古》1977 年第 2 期。

[70] 乌兰察布博物馆：《察右后旗三道湾墓地》，《内蒙古文物考古文集（第一辑）》，中国大百科全书出版社，1994 年。

[71] 李兴盛、魏坚：《商都县东大井墓地》，《内蒙古地区鲜卑墓葬的发现与研究》，科学出版社，2004 年。

[72] 郭治中、魏坚：《察右前旗下黑沟鲜卑墓及其文化性质初探》，《内蒙古文物考古文集（第一辑）》，中国大百科全书出版社，1994 年。

[73] 崔利民、郝晓菲、魏坚：《兴和县叭沟墓地》，《内蒙古地区鲜卑墓葬的发现与研究》，

科学出版社，2004 年。

[74] 李逸友：《论内蒙古文物考古》，《内蒙古文物考古文集（第一辑）》，中国大百科全书出版社，1994 年。

[75] 李兴盛：《内蒙古三道营古城调查》，《考古》1992 年第 5 期。

[76] 李逸友：《论内蒙古文物考古》，《内蒙古文物考古文集（第一辑）》，中国大百科全书出版社，1994 年。

[77] 国家文物局主编：《中国文物地图集·内蒙古自治区分册（下）》，西安地图出版社。

[78] 李兴盛、赵杰：《四子王旗土城子、城卜子古城在调查》，《内蒙古文物考古》1998 年第 1 期。

[79] 李逸友：《内蒙古历史名城》，内蒙古人民出版社，1993 年。

[80] 乌兰察布博物馆：《武川县二份子古城调查》，《内蒙古文物考古文集（第一辑）》，中国大百科全书出版社，1994 年。

[81] 常谦：《乌盟兴和县北魏长川古城遗址考略》，《内蒙古文物考古》1998 年第 1 期。

[82] 王新宇、魏坚：《察右中旗七郎山墓地》，《内蒙古地区鲜卑墓葬的发现与研究》，科学出版社，2004 年。

[83] 内蒙古自治区文物考古研究所、乌兰察布市博物馆、化德县文物管理所：《化德县陈武沟鲜卑墓地发掘简报》，待刊。

[84] 曹建恩、魏坚：《察右前旗呼和勿素墓葬》，《内蒙古地区鲜卑墓葬的发现与研究》，科学出版社，2004 年。

[85] 内蒙古文物工作队：《内蒙古出土文物选集》，文物出版社，1963 年。

[86] 陈棠栋：《商都县出土窖藏铜器、铁器考》，《内蒙古文物考古》1991 年第 1 期。

[87] 陆思贤、陈棠栋：《达茂旗出土的古代北方民族金饰件》，《文物》1984 年第 1 期。

[88] 张郁：《内蒙古察右中旗园山子唐代古城》，《考古》1962 年第 11 期。

[89] 乌兰察布盟文物工作站编：《契丹女尸》，内蒙古人民出版社，1985 年。

[90] 乌兰察布博物馆：《内蒙古兴和县尖山子辽墓发掘简报》，《北方文物》1988 年第 4 期。

[91] 富占军：《内蒙古商都县前海子辽墓》，《北方文物》1990 年第 2 期。

[92] 乌兰察布盟文物工作站 1981 年发掘资料。

[93] 凉城县文物管理所清理发掘资料。

[94] 乌兰察布博物馆 1986 年发掘资料。

[95] 崔利民：《察右前旗白家湾遗址发掘报告》，《内蒙古文物考古》2003 年第 1 期。

[96] 王新宇、崔利民：《丰镇市出土辽代银器》，《乌兰察布文物》第 3 期，1989 年。

[97] 内蒙古文物考古研究所、乌兰察布博物馆、四子王旗文物管理所：《四子王旗城卜子古城及墓葬》，《内蒙古文物考古文集（第二辑）》，中国大百科全书出版社，1997 年。

[98] 李逸友：《论内蒙古文物考古》，《内蒙古文物考古文集（第一辑）》，中国大百科全书出版社，1994 年。

[99] 同注 [98]。

[100] 乌兰察布文物工作站：《察右前旗土城子调查简报》，《乌兰察布文物》第 3 期，1989 年。

[101] 李逸友：《论内蒙古文物考古》，《内蒙古文物考古文集（第一辑）》，中国大百科全书出版社，1994 年。

[102] 乌兰察布博物馆：《察右后旗石门口遗址发掘简报》，《内蒙古文物考古文集（第一辑)》，中国大百科全书出版社，1994 年。

[103] 陈永志主编：《内蒙古集宁路古城遗址出土瓷器》，文物出版社，2004 年。

[104] 乌兰察布博物馆：《集宁市榆树湾辽金遗址发掘简报》，《内蒙古文物考古》1977 年第 1 期。

[105] 乌兰察布盟文物工作站 1981 年发掘资料；乌兰察布盟文物工作站：《内蒙古武川县乌兰窑子金墓清理简报》，《考古》1999 年第 8 期。

[106] 田少君、李元荣、秦双成：《商都县八号村金代窖藏钱币》，《内蒙古文物考古》2003 年第 1 期。

[107] 郑隆：《元净州路故城》，内蒙古文物工作队编：《内蒙古文物资料选辑》，内蒙古人民出版社，1964 年；内蒙古文物考古研究所、乌兰察布博物馆、四子王旗文物管理所：《四子王旗城卜子古城及墓葬》，《内蒙古文物考古文集（第二辑）》，中国大百科全书出版社，1997 年。

[108] 田广金：《四子王旗红格尔地区金代遗址和墓葬》，《内蒙古文物考古》1981 年创刊号。

[109] 内蒙古自治区文物工作队：《元集宁路遗址清理记》，《文物》1961 年第 9 期；内蒙古自治区文物工作队：《乌兰察布盟察右前旗古墓清理记》，《文物》1961 年第 9 期；潘行荣：《元集宁路故城出土的窖藏丝织物及其它》，《文物》1979 年第 8 期；乌兰察布盟文物工作站：《察右前旗土城子古城调查简报》，《乌兰察布文物》第 3 期；陈永志主编：《内蒙古集宁路古城遗址出土瓷器》，文物出版社，2004 年。

[110] 李逸友：《内蒙古元代城址概说》，《内蒙古文物考古》1986 年第 4 期。

[111] 同注 [110]。

[112] 李逸友：《论内蒙古文物考古》，《内蒙古文物考古文集（第一辑）》，中国大百科全书出版社，1994 年。

[113] 同注 [108]。

[114] 内蒙古自治区文物考古研究所、察哈尔右翼后旗文化管理中心：《察哈尔右翼后旗韩元店元代古城遗址》，《内蒙古文物考古文集（第三辑)》，科学出版社，2004 年。

[115] 乌兰察布博物馆 1994 年发掘资料。

[116] 内蒙古自治区文物考古研究所 2008 年发掘资料。

[117] 内蒙古自治区文物考古研究所 2011 年发掘资料。

[118] 盖山林：《阴山汪古》，内蒙古人民出版社，1991 年。

[119] 同注 [118]。

[120] 田广金：《四子王旗红格尔地区金代遗址和墓葬》，《内蒙古文物考古》1981 年创刊号。

[121] 乌兰察布博物馆、察右后旗文物管理所：《察右后旗种地沟墓地发掘简报》，《内蒙古

文物考古》1997 年第 1 期。

[122] 盖山林：《兴和县五甲地古墓》，《内蒙古文物考古》1984 年第 3 期。

[123] 内蒙古自治区文物工作队：《乌兰察布盟察右前旗古墓清理记》，《文物》1961 年第 9 期；
内蒙古自治区文物考古研究所 2002 年发掘资料。

[124] 内蒙古自治区文物考古研究所 2008 年发掘资料。

[125] 内蒙古文化厅文物处、乌兰察布盟文物工作站：《内蒙古凉城县崞县窑子元墓》，《文物》
1994 年第 10 期。

[126] 李兴盛：《内蒙古三道营古城调查》，《考古》1992 年第 5 期。

[127] 张郁：《凉城县淤泥滩元代古城》，《内蒙古文物资料选辑》，内蒙古人民出版社，1964 年。

[128] 内蒙古自治区文化厅（文物局）、内蒙古自治区文物考古研究所：《内蒙古自治区长
城资源调查报告·明长城卷》，文物出版社，2013 年。

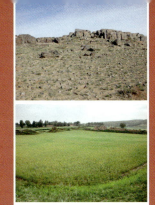

文化遗产

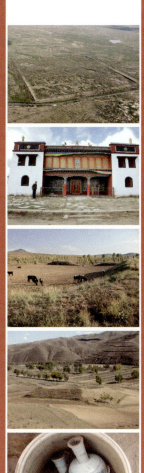

文化遗产 目录

石器时代

　　乌兰察布市境内现发现的最早人类活动遗存，是在距今约1万多年左右的旧石器时代晚期。进入新石器时代，在距今7000年左右，乌兰察布大地开始出现了仰韶文化人群，主要来源两种文化类型的人群迁徙，一是分布在河北省中南部和河南省北部的后岗类型，另一支是分布在渭河流域的半坡类型。这两支不同类型的文化最终在岱海地区相遇，发展成为这个地区相对稳固的新居民，其代表性遗址有凉城县石虎山Ⅰ、Ⅱ遗址。公元前4200年～公元前3500年间，本地区的仰韶文化进入一个较大的发展繁荣时期，代表性遗址有凉城县王墓山坡下遗址。到公元前3500年～公元前3000年间，整个内蒙古中南部的仰韶文化内部发生了分化，区域地方文化特点产生了差异，受周邻及来自东北地区的文化因素影响显著，表明整体文化开始走向衰退。分布于岱海盆地、黄旗海盆地及阴山北部等地区，代表性遗址有庙子沟遗址。进入龙山时期，内蒙古中南部以凉城县老虎山遗址为代表的遗存，命名为老虎山文化，该文化存续时间大约在公元前2500～公元前1900年之间。其文化特征是以斝式鬲为代表的陶器群、窑洞式房屋及石筑的聚落围墙。以炊器鬲为代表的饮食习俗，因此也就成为中国较为典型的龙山文化文化因素之一，它对中国长江以北各地区的龙山文化都产生了程度不同的影响。

1 凉城县石虎山遗址

撰稿：胡晓农
摄影：方宏明

凉城县重点文物保护单位。

位于凉城县天成乡双古城村东南约2公里处，西距凉城县岱海镇约18公里。坐落在岱海南岸丘陵地的顶部，属第一级台地，地势略为平缓。遗址北距岱海约2.5公里，西距王墓山坡上遗址约500米，南距明代长城约100多米，丰—准铁路线由遗址所在山丘脚下东西穿过。

1993年发现石虎山遗址，试掘面积100平米。1995～1996年夏，进行考古钻探和试掘工作。1996年8～9月，由内蒙古自治区文物考古研究所与日本国京都中国考古学研究会，联合开展了"岱海第12期地区文明起源和发展"的考古学研究项目，对石虎山遗址进行了考察和考古发掘工作。发掘面积约2800平方米，发掘遗迹有房址20座、围沟1条、灰坑36个、墓葬1座。出土各类遗物约400件。

石虎山遗址中，分布着四个不同时期的文化遗址，为新石器时代早期的中期和晚期，春秋和战国时期。各自有不同的分布范围，应为四处遗址，分别编号为石虎

石虎山遗址

山Ⅰ、Ⅱ、Ⅲ、Ⅳ遗址。主要针对石虎山Ⅰ、Ⅱ遗址进行考古发掘工作。

1.石虎山Ⅰ遗址

位于石虎山遗址的西北部，在丘陵顶部台地的东南一侧，西部地势坡度较陡，东、北部地势略平缓。向东南隔洼地与石虎山Ⅱ遗址相距约300米。遗址面积约15000平方米。遗址利用山顶的自然缓坡台地，在周边做围沟，形成聚落遗址。呈长方形，围沟的东西长130、南北宽90米，东、南、北面各有一门道，西面由于水土的流失，是否有门道设施，难以判断。围沟现存宽1.3~1.5、深0.5~1.3米。由于围沟内的遗址地表水土流失严重，只确认有4座房址和8个灰坑遗迹，因此对围沟内部的聚落布局情况无法搞清。此外，在北部围沟的外侧，发掘2座房址、5个灰坑。房址平面呈圆角方形或长方形，为半地穴式建筑，一般进深大于间宽，面积大的有34平米，小的有14平米。门向东南。长条形门道，门道与室内瓢形坑灶相连。在室内居住面上和四壁分布着数量不等的柱洞。居住面用灰白色泥土铺垫而成，平整坚硬。墙壁抹有草拌泥。灰

坑平面有不规则形、圆角方形、略呈椭圆形，底部有平底、弧形底，大小不等。其中还发现一个祭祀坑，平面略呈长方形，坑内填土纯净，在坑底有四具完整的狗骨架以及马鹿、狍子的头骨和红烧土块。

出土遗物较为丰富。有石器、陶器、骨器、角器、蚌器。石器主要是生产工具，还有少量的装饰品。以磨制为主，亦有少量打磨兼制或剥制。器形有铲、斧、锛、刀、磨盘、磨棒、磨石、刮削器、石叶、环等。陶器均为生活用器，质地以夹砂陶为主，泥质陶次之，还有极少量的夹蚌陶。陶色以褐陶为主，红陶、红褐陶次之。陶器纹饰以饰细绳纹为主磨光、素面次之，另有少量的指甲纹、划纹、楔点纹及彩陶，还有一定数量的"红顶钵"、"红顶盆"。陶器形制较规整，烧制火候较高。器形以三足器、圜底器、平底器为多，还有少量的圈足器。器类主要有钵、盆、壶、釜（鼎、罐）、碗、勺、器盖等。骨器的种类有锥、刀（骨柄石刀）、铲、凿、匕、勺、匙、鱼钩、凿、锥、镞、针、簪等。角器有角锥，蚌器有刀和蚌饰。此外，在遗址的围沟中，还出土

石虎山Ⅰ、Ⅱ遗址远景（东南-西北，左为石虎山Ⅰ遗址）

了大量的动物骨骼，仅哺乳动物就多达18种，代表140个最少个体数。其中以鹿科动物为主，有狍子、马鹿、梅花鹿等，其他动物主要有水牛、黄牛、猪、狗、豹、貉、狗獾、狐狸、棕熊、羚羊、野兔、盼鼠、黄鼠等。

2.石虎山Ⅱ遗址

位于石虎山遗址的东南部，在马鞍形（南北向）山丘顶部的东南坡上。山丘西部地势为陡坡，东部地势较平缓。遗址面积约3000平方米。遗址的地层堆积略厚，遗迹保存较好。考古发掘面积1545平方米，发现房址14座、灰坑23个、墓葬1座。房址基本由上至下，分段横向排列在东西向的平缓坡面上。没有发现遗址的围沟。

房址为半地穴式建筑，大多数为单间，个别的为双套间。平面呈圆角方形或长方形。长方形房址，面积最大的约36平方米，多数面积为10～15平方米。门向东南。长条形斜坡式门道，个别房址的门偏于前壁中部。室内灶靠近门道，均为单灶。分别有椭圆形的坑灶和圆形的地面灶，设坑灶房屋均有长条通风门道。在室内居住面上和四壁分布着数量不等的柱

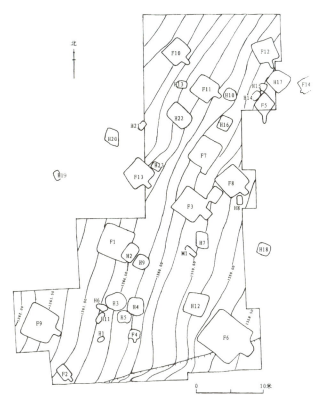

石虎山Ⅱ聚落遗址分布图

洞。居住面用灰白色泥土铺垫而成，平整坚硬。墙壁抹有草拌泥。个别的房址内设有窖穴。灰坑平面以长方形为主，另有方形、椭圆形、不规则形、菱形、圆形，为竖穴，直壁，平底，除不规则灰坑外，均形制较规整。

出土遗物较多，有石器、陶器和骨、角器。石器均为生产工具，多数通体磨制，少数打磨兼制或剥制，器形规整。石器有磨盘、磨棒、磨石、铲、刀、斧、锛、石叶、球等。陶器多数为生活用具，个别为生产工具。质地以夹砂陶为主，泥质陶次之。陶色为褐陶、红陶、红褐陶。陶器几乎都为素面和磨光陶，极个别的饰细绳纹、旋纹及红彩，还有一定数量的

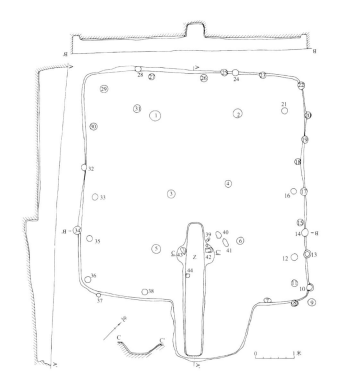

石虎山Ⅱ6号房址平、剖面图

"红顶钵"。陶器器形规整，烧制火候较高。器形有釜（罐、鼎）、钵、盆、壶、瓮、豆、勺、器盖等。陶制生产工具有少量的刀、铲，是用陶片改制而成。

3.遗址年代、文化性质

在石虎山Ⅰ遗址出土的陶器中，小口长颈壶、红顶钵、鼎、鼎足和未见彩陶器的特征，都同于后岗一期早期阶段的作风。在围沟第1层土中，出土的植物果实遗骸，经^{14}C测定年代为距今6440年～6530年（经树轮校正年代），因此，石虎山Ⅰ遗址的年代应大致相当于后岗一期的早期阶段。在石虎山Ⅱ遗址出土的陶器中，釜、盆、鼎等的器物，与北京市房山县镇江营子遗址第一期文化的中、晚期出土的同类器形态相同。其时代也应相当。有学者研究认为，后岗一期遗存应由镇江营子一期文化发展而来，如此，石虎山Ⅱ遗址时代应早于石虎山Ⅰ遗址。石虎山Ⅰ、Ⅱ遗址，在文化面貌、内涵等方面表现出有较强共性的特征，如房址、陶器群、生产工具的形制等。但也有一定差异，如陶器的纹饰、器形的变化。因此，石虎山Ⅰ、Ⅱ遗存的文化内涵，是同一种考古文化的两个不同发展阶段。与石虎山Ⅰ、Ⅱ遗址的文化面貌、特征最相近的，有河北省易县北福地第一期甲类、镇江营子一期文化为代表的遗存。所以，石虎山Ⅰ遗存是在延续以石虎山Ⅱ遗存为代表的文化因素，与后岗类型其他小区相互交流、发展，同时也受到半坡类型影响，形成了有地方特征的文化遗存。因此，将以石虎山Ⅰ、Ⅱ遗址为代表的一类文化遗存，命名为"石虎山类型"。并有"后岗一期文化石虎山类型"或"仰韶文化石虎山类型"的命名。其绝对年代大约为公元前4800～公元前4200年之间。石虎山遗址是内蒙古中南部新石器时代已发现最早的仰韶文化时期的遗存之一。

石虎山Ⅰ、Ⅱ遗址的发掘与研究，反映出了岱海地区农耕社会开始时期的面貌及状态。该类遗存的原始农业已经非常成熟，其狩猎、渔业亦占有相当大的比重。石虎山Ⅰ遗址中，发现了部分猪的骨骼形态，已进化为饲养的家畜。通过对遗址出土的动物骨骼、植物果实遗骸、土壤孢粉以及对古气候、地质等项目的综合研究，初步揭示出了岱海地区及周边区域的自然环境、气象地质、微观生态、人文聚落等阶段性的演进脉络。

⫽⫽2⫽⫽ 凉城县王墓山遗址

撰稿：胡晓农
摄影：方宏明等

全国重点文物保护单位。

位于凉城县六苏木镇泉卜子自然村南1公里处。坐落于岱海盆地南部的丘陵地带，在王墓山北麓一圆形山丘的西北坡上，北距岱海2.5公里。遗址南侧有一条东西向的自然大冲沟，西端连接着步量河。西北部是王墓山的坡底地带，丰—准铁路东西向在此穿行。遗址地势

王墓山遗址

东高西低。自高处向下分布，长约450、宽约200米。整个王墓山遗址由三处不同地点、各自独立的遗址组成，分为王墓山坡下、坡中、坡上遗址。这三处遗址均为新石器时代仰韶文化时期遗存。王墓山遗址在1987年被发现，至1995年间该遗址的考古调查、试掘、发掘工作从未间断。田广金、郭素新两位先生主持此项工作。

1. 王墓山坡下遗址

王墓山坡下遗址位于王墓山遗址的西端，在遗址南侧的东西向自然大冲沟与步量河的交汇处。东距王墓山坡中遗址约150米。自然冲沟与步量河冲毁了部分遗址。遗址地势为缓坡状。南北长约350、东西约200米。从1989年至1992年，发掘清理房址24座、灰坑34个，发掘面积2428平方米。遗址地层堆积保存较好，文化层厚0.5～2米。在遗址中，房址成排分布。均为半地穴式建筑，平面有呈圆角方形、前宽后窄形、前窄后宽形。部分房屋四周保存完整的地穴上的台面，也就是四周的木骨垫土墙。多数房址面积在10～25平方米，最小的6.5～8平方米，最大的达62平方米。长条形门道与室内前部的坑灶相接，坑灶为方形或长方形。门向西或西

王墓山坡下遗址7号房址

南。部分的室内一角设有窖穴。在室内地面和周边台面上，分布着数量不等的柱洞。居住面抹草拌泥。灰坑一般为圆形或椭圆形，有少数为圆角长方形，为直壁，竖穴，平底。

出土遗物有石器、陶器、骨器等。石器以磨制为主，亦有少量的琢、磨兼制。器形有磨盘、磨棒、斧、刀、凿、臼、砺石、纺轮、镞、刮削器、石叶等。陶器以夹砂陶为主，泥质陶次之。陶色以红褐色陶为主，灰色陶次之，个别有橙色陶。纹饰有绳纹、线纹、旋纹、附加堆纹、浅窝纹、指甲纹、乳钉纹、戳印纹、刻划纹。另外，彩陶在陶器中占有较大的比重。陶器的主要器形有大口瓮、大口罐、中口罐、盆、钵、小口尖底瓶、小口平底瓶、火种炉、杯、器盖、纺轮、刀等。骨角器有刀、锥等。

根据遗迹间的层位关系、出土遗物的器物组合及器型变化的特征，王墓山坡下遗址的文化分期，分为早、中、晚三段。并且三个时段的聚落也各有特征。

2.王墓山坡中遗址

王墓山坡中遗址位于坡上和坡下两个遗址的中间，东距王墓山坡上遗址约120米。地势为较陡的坡地。遗址的南侧被自然冲沟冲毁了部分。遗址为环壕聚落，略呈椭圆形，南北残长80、东西宽50米。地表水土流失严重，遗迹保存较差。1991～1992年间，发掘面积220平方米。发掘房址2座，并分段解剖环壕。遗址地层堆积保存一般，文化层厚0.5～1米。遗址东南部的环壕迹象不清，南侧被自然冲沟冲毁。环壕现存长约170米，口宽0.6～1.1、底宽0.1、深0.6～1.5米。房

址为半地穴式建筑，平面呈圆角方形或略呈长方形，长方形台阶式门道，门向东偏南。室内前部中间设有圆形坑灶。居住面和墙壁垫、抹白泥。由于遗址未大面积揭露，房址的分布情况不明。

出土遗物主要有石器、陶器、玉器等。石器以磨制为主，亦有少量的琢、磨兼制。器形有磨棒、斧、刀、凿、砺石、石叶等。陶器以泥质陶为主，夹砂陶次之，亦有少量的砂质陶。陶色以灰色陶为主，红褐色陶次之，还有少量的黑皮灰陶或黑陶。陶器的器表以素面或压光陶多于有纹饰陶和彩陶。纹饰陶有绳纹、线纹、附加堆纹、指甲纹等。彩陶有黑彩、红褐彩和紫色彩，绘有平行横带纹、鳞纹、双钩纹等。玉器有璧，为乳黄色岫岩玉。

3.王墓山坡上遗址

王墓山坡上遗址位于王墓山遗址的东端，接近所在山丘的顶部。西距王墓山坡中遗址约120米。遗址地势东高西低，坡度较大。遗址面积约11000平方米。经过1987、1989、1992、1995年四次的考古试掘、发掘，共发掘约700平方米，清理房址21座、灰坑29个、墓葬3座。遗址积层堆积薄厚不一，厚0.3～2米。房址为半地穴式建筑，多数房址的平面呈间宽大于进深的横长方形，个别的略呈方形。面积多为12～15平方米，最大的25平方米，最小的10平方米。门道为斜坡式或台阶式，门向南或西，多数门道较短，部分较长，有的带门斗。灶位于房址的中部，多数房屋设有主灶和位于其后部的附灶。主灶为圆形坑灶。附灶有圆形、圆角方形、长方形和椭圆形的坑灶，个别还有地面灶，并设

有灶的边坎。在房址中部横线的两端设有较大的柱洞，四角、门道两侧及前后壁设有略小柱洞。部分房址为半壁柱。大部分的房址内设有窖穴，多在后壁的中部，还有在屋角或门道两侧，窖穴为袋状坑。居住面用灰白色黏土铺垫而成，平整坚硬。墙壁亦用灰白色黏土泥抹成。灰坑多为圆角长方形，其次为圆形和圆角长方形，直壁竖穴。

出土遗物有石器、陶器、骨角器等。石器以磨制为主，亦有少量的琢、磨兼制。器形有斧、刀、凿、锛、刮削器、石叶、砍砸器、磨盘、磨棒、纺轮等。陶器以夹砂陶为主，泥质陶次之，还有少量的砂质陶。陶色以灰陶为主，褐陶次之，还有少量的橙黄、橙红色陶、黑陶。纹饰以绳纹为主，素面次之，还有附加堆纹、方格纹、篮纹等。彩陶的数量极少。陶器的器类以侈口鼓腹夹砂罐为主，其次为钵、小口双耳鼓腹壶、敛口瓮、筒形罐、鼓腹盆、折腹盆、泥质罐、碗、杯等。另外，还有一定数量的用陶片改制的陶刀。骨角器有骨锥、骨镞、角凿等。

根据王墓山坡上遗址，遗迹与地层间层位关系、遗迹之间相互打破叠压关系，对应遗迹单位出土陶器的器物组合、器形变化的特征，把该遗址的文化遗存，分为早、晚两段。

4、各遗址的年代、文化性质

根据《岱海考古（三）》一书的研究，岱海地区新石器仰韶时代遗存的年代，大致分为三期。第一期为石虎山Ⅱ、Ⅰ遗址，代表着早、晚两段，大致年代为公元前4700年～前4455年。第二期是以王墓山坡下的I1号房址、I6号房址和Ⅱ2号房址，代表着早、中、晚三段，年代为公元前4200年～前3600年。第三期是红台坡上遗址的2号房址、王墓山坡上遗址的19号房址、10号房址，代表着早、中、晚三段。同时，红台坡上遗址的2号房址与王墓山坡中遗址2号房址为一类遗存，年代为公元前3600年～3000年。说明王墓山坡下、坡中、坡上遗址，分别代表着岱海地区的仰韶时代第二、三期的各个期段。

王墓山坡下遗址，是内蒙中南部仰韶文化第二阶段最具代表性的遗址。被命名为"仰韶文化王墓山下类型"，亦称"仰韶文化白泥窑子类型"。该类型的文化内涵是：早段为一种介于半坡类型和庙底沟类型之间的文化遗存。中段属于比较典型的庙底沟类型，但也存在一些差别，如不见庙底沟类型的釜、灶等器形，却出现一种形制独特的火种罐及一些彩陶纹饰的变化。晚段有来自东部红山文化因素的影响。王墓山坡中、上遗址是属内蒙中南部仰韶文化第三阶段的遗存，该阶段称为"海生不浪文化"或"庙子沟文化"，也称"仰韶文化海生不浪类型"。有学者根据所分布地区的文化特征又分为三个亚型，即阿善二期类型和海生不浪类型，或分为庙子沟类型、阿善类型和白泥窑子类型。王墓山坡中、上遗址，属于庙子沟类型。经济形态仍为农业生产为主，主要的文化因素来自中原、冀北和东北等地区，同时也反映出了仰韶文化时期本地区文化发展的空前繁荣。

▌▌▌3 ▌▌▌ 察哈尔右翼前旗庙子沟遗址

撰稿：胡晓农

摄影：魏坚

全国重点文物保护单位。

位于察哈尔右翼前旗乌拉哈乡庙子沟村南100米处。遗址地处阴山山脉东段的南侧、黄旗海南岸的丘陵地带，为黄土丘陵分布的边缘区域。遗址东临一条南北走向的山沟，即庙子沟。沟宽50～70米、深10米左右，沟底泉水小溪南绕庙子沟村向北注入黄旗海。遗址分布在黄旗海南岸二、三级台地上，由两个区组成。Ⅰ区位于村南部，残存面积约3万平方米。Ⅱ区位于村北部，面积约20万平方米。1985年9～10月间，当地砖窑厂在庙子沟村南的山坡取土时，发现了部分陶器、石器和人骨。从1985年至1987年，由内蒙古自治区文物考古研究所主持，先后三次对遗址的Ⅰ区进行了田野考古发掘工作，钻探面积

庙子沟遗址全景

庙子沟遗址第三次发掘部分探方及遗迹（东—西）

3万平方米，清理发掘面积10500平方米。Ⅱ区未进行考古发掘。

遗址Ⅰ区的地势为西南高，东北低，呈缓坡状。其南部文化层堆积保存较好，北部许多房址、灶坑、柱洞等遗迹暴露于地表。共发掘出房址52座，灰坑、窖穴139个，墓葬42座，出土及复原各类陶器664件，石器518件，骨、角、蚌器81件。此外遗址还出土了大量的牛、羊、鹿、猪、狗的骨骼和少量水生动物的骨骼。

庙子沟遗址的房子均为半地穴式，平面呈圆角方形或长方形，间宽一般大于进深，面积多数不足15平方米，最大的一间23平方米。房址的门向多在50°～100°之间。房址内主要由门道、灶、窖穴、柱洞等组成。门道设在前壁的中部，为凸出的长条状斜坡式或台阶式。灶位于室内的中间，为圆形或圆角方形坑灶，灶坑直径60～70厘米、深20厘米，少数的房址设有地面附灶。在房址内的一角处，多设有窖穴，平面呈圆形、椭圆形、方形、长方形，体形较小，竖穴或袋状坑。房址内的中部、四角及门道的两侧和分布着5～9个柱洞。许多房址在灶坑与北壁之间设有平面呈圆形的地臼，其底部和周边垫有碎陶片或小石块。室内居住面、壁面用草拌泥抹成，未经烧烤。在遗址中，房址外的灰坑，亦称室外窖穴。平面多呈方形或长方形，直壁竖穴、体形较大、形制规整，口部略大于底部。此外，遗址中一个极为特殊的现象，就是在一些房址的内外的窖穴中，发现有多人、双人和单人埋葬，多人埋葬中有儿童和成人，在房子内的圆形窖穴内均为单人埋葬，许多未成年个体多在室内灶坑里或居住面上，死者的头向不定，多侧身屈肢，儿童和女性死者有的佩带环饰和蚌螺类装饰品，从这些现象来看多数死者属于非正常死亡埋葬。

生产工具是磨制石器、打制石器和细石器共存，并有骨、角器和陶制工具。石器种类很多，有铲、刀、锛、凿、斧、钻、磨盘、磨棒、砍砸器、球、台体状凹形器等，细石器有刮削器、尖状器、镞以及石核、石叶、石片等。陶制工具有大量的铲、刀和少量陶纺轮。骨器有锥、针、镞、匕、嵌石刃刀、嵌石刃剑、槽形尖状器和亚形器等。其中窄首宽刃石斧、双孔或两侧缺口刀、梯形小石锛、月牙形磨棒、椭圆形凹体磨盘、台体状凹形器以及嵌石刃骨刀和骨制亚形器等，均具有特色，为典形器物。

陶器以泥质陶为主，此外还有夹砂和砂质陶，均为手制。陶色繁杂，有褐、灰、红、黄、黑、白等色。泥质陶器表多素面磨光或施篮纹。夹砂陶器主体纹饰以绳纹为主，另外还有方格纹与线纹，

配合主体纹饰的有附加堆纹、划纹、压印纹、连点纹。彩陶较发达，彩色多样，有红、褐、黑、紫、赭等色，纹饰更是繁缛多种，有方格纹、鳞纹、涡纹、锯齿纹、草叶纹以及曲线、垂弧、直线、三角、椭圆点等几何图案纹饰，常见内彩和复彩。陶器器耳发达，多为环状耳。器形种类有侈沿鼓腹罐、大口罐、筒形罐、小口双耳罐、喇叭口尖底瓶、曲腹盆、折腹盆、曲腹钵、折腹钵、漏斗、器盖、小杯、偏口壶等。

庙子沟遗址本体，分为两期。与此文化内涵基本相同的大坝沟遗址结合，分为三期，主要依据是层位关系和遗迹、遗物间类比。I期以大坝沟遗址文化层第②层土下开口的主要遗存为代表。II、III期以庙子沟遗址遗存和大坝沟遗址部分遗存为代表。其年代：I期距今5800年，II期距今5400年，III期距今5000年前。

庙子沟遗址聚落形态，从庙子沟遗址I区考古发掘的房址布局看，房址是以点状分布，较为密集。没有成排的或以单元

庙子沟遗址15号房址

庙子沟遗址10号墓

庙子沟遗址25号房址内36号灰坑

发掘后，引发出关于内蒙古中南部仰韶晚期阶段考古学文化命名的讨论。20世纪50年代末，在内蒙古中南部的黄河沿岸，首次发现仰韶晚期阶段的遗存。60年代，又通过黄河沿岸的考古调查，认为这里的仰韶文化可分两种，一种以岔河口遗址为代表，另一种以海生不浪东遗址为代表，并认为白泥窑子遗址的彩陶，既有仰韶文化的作风，又有仰韶文化所不能包括的作风。70年代后期，提出具有地域特点的一种原始文化类型，明确为海生不浪类型遗存。其田野工作范围只局限于南流的两岸地区。进入80年代，陆续地对一些遗址进行考古调查和发掘。有些学者提出了这一类遗存为"海生不浪文化"。此后，田广金先生研究亦提出以"海生不浪文化"命名，并划分出内蒙古中南部三个不同区域的文化类型，即庙子沟类型、白泥窑子类型、阿善类型。魏坚先生研究提出以"庙子沟文化"命名，亦划分出内蒙古中南部三个不同区域的文化类型，即庙子沟类型、海生不浪类型、阿善类型。

庙子沟遗址的考古发掘，在内蒙古中南部新石器时代考古中，占有重要一席之地。它反映的文化内涵，是在继承了庙底沟文化的主要因素的基础上，接受周围诸考古学文化因素的影响和渗透而发展起来的。就该遗址的本体而言，其规模巨大，出土大量的精美彩陶重器，说明该遗址极有可能为黄旗海盆地及周围区域的聚落集团的中心区。遗址消亡的原因，更为疑云重重。今后在对庙子沟遗址重点保护的同时，亦要对其进行更深入研究和探索。

区域分布现象，每座房址的窖穴和居住面上，均有成套的生产工具和生活用具等，以此说明已构成一个生产和生活的单元，是以个体家庭为单位从事生产和生活。在庙子沟遗址附近、文化相同的大坝沟遗址，有壕沟环绕居住址，而庙子沟遗址可能因水土流失严重而未发现有壕沟。

从庙子沟遗址所反映的文化面貌，庙子沟的先民们当时是以从事原始农业为主，同时饲养有猪、羊、牛、狗等家畜动物，也捕猎鹿、狍、獐、虎、野山羊、羚羊等野生动物以及鱼、龟、鸟类等。

在庙子沟遗址和大坝沟遗址进行考古

4   凉城县老虎山遗址

撰稿：胡晓农

全国重点文物保护单位。

位于凉城县永兴镇毛庆沟村西北1公里处。坐落于岱海盆地的西北缘，蛮汉山的余脉老虎山南坡上。东距岱海约25公里。其南部是与岱海相连的低洼地带，山坡西侧是老虎山沟，沟内泉水溪流四季不断，向南汇入浑河。

遗址分布在西北至东南走向的两个山脊之间，并沿山脊修筑有石围墙，主体呈三角形簸箕状，中央有大的冲沟将其分为北高南低两部分。遗址的扇面底长约400米，距遗址顶端约450米。另外，在遗址西南石墙外，有窑址区遗迹的分布。整个遗址的总面积约13万平方米。遗址地势呈坡状，由于长期的水土流失、侵蚀、分化作用，分布在地势较高的和冲沟两侧遗迹，遭到严重的破坏，地表局部裸露出基岩，还有的暴露房址的底部白灰面、红烧土等。1982～1992年由内蒙古自治区文物考古研究所主持该遗址的考古发掘工作，发掘领队田广金先生。总计发掘房址70处、灰坑38个、灰沟2条、窑址6座、墓葬8座，实际发掘面积约4000平方米。出土陶器481件，石器214件，骨、牙、角器16件。

老虎山遗址的石围墙，依山脊的地形而筑，环绕着遗址的主体，以西北角山顶平台的方形石围圈两侧，向东南部呈三角形扩展分布。山顶的方形石围圈和北、西墙保存较好，坡下部分损毁严重。南墙只残存20米。北墙略呈弧线，残长600米。西墙断断续续残留约405米。山顶方形石围圈边长约45米，依顶部后墙中间有一石筑长方形房基址，约7平方米。石围墙一般宽0.7米，个别段宽达5米，残高0.3～1.5米。遗址中的地层堆积薄厚不均，文化层厚0.2～2米。以遗址中央的大冲沟分界为南北两个区，房址多以较集中的排或群分布在两个区中。

房址为窑洞式建筑，均保存房址的底部。其平面主要有两种形制，圆角方形（长方形）和"凸"字形房屋。门向东南。房屋内中间设有圆形浅坑灶。有一些房屋内设有柱洞，一般在三个以下，极个别的有14个。墙壁为直壁或斜面外倾。壁面、地面抹有草泥和白灰面。一般房屋面积在10～15平方米左右，制作较为规整精致。灰坑为圆形筒状、袋状平底，口径1～2米左右，深浅不一，壁、底规整。窑址区主要位于遗址西南部石墙外。陶窑由窑室、火门、窑膛、窑箅、火眼、门前火坑组成。火门向南。窑室为馒头形状，直径1.6～2.2米。发掘的墓葬均分布在遗址内，为长方形竖穴土坑墓，墓坑壁不规整，仰身直肢葬，无随葬品。

出土遗物有石器、陶器、骨、牙、角器等。石器以磨制为主，亦有少量的琢、磨兼制。器形以环、刀、镞、斧数量最多，其次为矛形器、刮削器、凿、磨盘、球、锛、杵、石核、纺轮、砺石、铲、壁形器、抹子、石叶、磨棒、钻、网坠等。陶器以夹砂

素面夹砂罐

陶斝

老虎山遗址石围墙

陶为主，泥质陶次之。陶色以灰陶、褐陶为主，黑皮褐胎陶次之。纹饰以篮纹为主，绳纹次之，还有刻划纹、附加堆纹、方格纹、压印纹、指甲纹、素面等。器形有素面夹砂罐、篮纹罐、高领罐、绳纹罐、直壁缸、大口瓮、曲腹和斜腹盆、豆、斝、矮领瓮、大口尊、甑、甗、碗、杯等，还有一些工具及其它器件，如纺轮、铃、圆片、球、抹子、垫子、环等。骨、牙、角器有锥、针、凿、匕形器、牙饰件等。

从老虎山遗址的地层间层位关系与遗

迹之间相互打破叠压关系，对应遗迹单位出土陶器的器物组合、器形变化的特征，可将该遗址的文化遗存分为早、晚两期。根据与该遗址时代、文化面貌相同的园子沟遗址早期遗存和老虎山遗址晚期遗存的 ^{14}C常规测年方法测定，经树轮校正后年代大体为：早期距今4500年左右，晚期距今4300年左右。老虎山遗址早晚期最多经历了200年左右，早晚期平均各约100年。通过对岱海地区龙山时期遗址的考古发掘，对比研究内蒙古中南部及相关区域的龙山时期遗存的文化内涵，以老虎山、园子沟等遗址为代表的遗存，被命名为"老虎山文化"，该文化涵盖有两个文化类型，即代表着河套及南流黄河两岸小区的永兴店类型、代表着岱海及张家口盆地小区的老虎山类型。老虎山、园子沟、西白玉、板城、面坡、大庙坡等遗址均属老虎山类型。老虎山文化中发现的石筑围墙遗址，数量多、规模大，砌筑技术的完善，被视为龙山时代的"石城"。在遗址中的制高点建有石房、石堆等设施，可能具有瞭望或祭祀功用。成熟的窑洞式房屋建筑，制陶窑区集中的设置等。反映出了聚落人群的凝聚力和一致性，可能已形成了较大氏族集团。在老虎山文化的陶器中，斝式鬲到双鋬鬲的出现，对北方地区鬲的起源，提供了极为重要的依据，其传播和影响到了中原、河北、山东的龙山文化，鬲所代表的饮食习俗因此成为典型中国早期文化因素之一。老虎山文化是内蒙古中南部乃至整个北方地区龙山时代考古学文化不可分割的组成部分，它的一系列重要发现为我们认识和理解北方地区早期的社会状况提供了珍贵资料。

‖5‖ 凉城县园子沟遗址

撰稿：胡晓农
摄影：方宏明等

全国重点文物保护单位。

位于凉城县岱海镇园子沟村北100米处。坐落在岱海盆地中部的北缘，蛮汉山余脉胡龙背山的东坡底部的坡面上。坡前有园子沟河床，东南距岱海5.5公里。遗址分布在由两条构造断陷浅沟谷隔开的三个山坡上，分为南坡（Ⅰ区）、中坡（Ⅱ区）、北坡（Ⅲ区）遗址。三个遗址区互不相连，每个坡的遗址面积约10万平方米，总计约30万平方米。 1986～1989年，由内蒙古自治区考古研究所主持该遗址的考古发掘工作，发掘领队郭素新。发掘清理房址85座、灰坑14座、窑址5座。发掘面积约4000平方米。出土陶器260件，石器118件，骨、牙器7件。

园子沟遗址三个遗址区的文化堆积：Ⅰ区堆积较薄，厚20～50厘米。Ⅱ区堆积保存较好，文化层厚20～450厘米。Ⅲ区文化层厚20～350厘米。三个遗址区内的房屋，基本依山势成排分布，房屋前均设有院落，有单独的和多间共用院落的形式。三个遗址区内的房屋结构基本相同。房址为窑洞式建筑，少部分房址保存较好。有前、后室双间结构和单间结构两种。前、后室双间房屋的结构为，前室呈

长方形，后室为"凸"字形。单间房屋平面呈"凸"字形或圆角长方形。门道有向南、东和东北方向。在单间房屋内和双间的后室内，中间设有圆形或圆角方形浅坑灶，个别的在灶的沿面上绘有黑彩圈。部分房屋内发现有柱洞，数量较少。墙壁为直壁或斜面外倾，墙裙和居住面抹有草泥，再上白灰面，个别有垫土居住面。较大房屋面积16～21平方米，一般在9～12平方米，小型的在6～8平方米。房屋建筑制作规整、精致。遗址的灰坑有圆形、圆角方形、圆角长方形，直壁、平底，口径80～200厘米左右。窑址主要分布在Ⅲ区的遗址中，陶窑由窑室、火门、窑膛、窑箅、火眼、门前火坑组成。窑室为馒头形状，直径1.6～2.2米左右。

出土遗物有石器、陶器、骨、牙、角器等。石器以磨制为主，亦有少量的琢、

园子沟遗址

园子沟遗址窑洞式房屋

陶大口尊

陶鬲

磨兼制。器形以斧、刀、纺轮数量最多，其次为锛、抹子、凿、砺石、球、杵、环、刮削器、钺、磨棒、镞、矛形器、垫子、磨盘、刀形器等。陶器以夹砂陶为主，泥质陶次之。陶色以灰陶、褐陶为主，黑皮褐胎陶次之。纹饰以为篮纹为主，绳纹次之，还有刻划纹、附加堆纹、方格纹、压印纹、指甲纹、素面等。器形有素面夹砂罐、篮纹罐、高领罐、绳纹罐、直壁缸、大口瓮、矮领瓮、大口尊、曲腹盆、斜腹盆、豆、斝、盉、簋、甑、碗、杯等，此外还有纺轮、铃等。骨、牙器有锥、刀柄、针、牙饰件等。

园子沟遗址与老虎山遗址的文化内涵基本一致。根据该遗址的地层间层位关系与遗迹之间相互打破叠压关系，对应遗迹单位出土陶器的器物组合、器形变化的特征，把该遗址的文化遗存分为3段早晚两期。第1、2段为早期，第3段为晚期。该遗址的绝对年代大体在距今4500～4300年。以老虎山、园子沟等遗址为代表的遗存，被命名为"老虎山文化"—"老虎山类型"。

园子沟遗址的发掘，为研究其聚落形态提供较为丰富实物资料。整个聚落包括三个区，是相对独立的一个整体。通过类比研究表明，整个聚落是一个大的血缘族群，形成了家族公社社会的一级组织。三个区是血缘族群的二级组织。早期房屋均分布在Ⅲ、Ⅱ区，且第一段房屋均分布在Ⅲ区，Ⅰ区均分布晚期房屋，说明该聚落发展形成过程，是由一支族人的几个家庭来到Ⅲ区定居生活，随着人口的增加，家族的扩大，分出家庭移向Ⅱ区定居生活，再向Ⅰ区发展。在各区中，又有以同时期的院落房屋分布疏密程度，分出了"排"、"群"、"院落"的家庭族群，大致代表不同级别社会组织。

|||| 6 |||| 兴和县碾盘梁细石器加工场

撰稿：胡晓农
摄影：张晓东

兴和县重点文物保护单位。

位于兴和县大库联乡陈家梁村东南1.5公里处。坐落于阴山山脉的东北麓浅山丘陵地带，三面环山，地形起伏跌宕，沙化严重。南部为王河海林场和一条东西走向的沙河。

遗址呈长方形分布，东西长70、南北宽80米，面积为5600平方米。遗址内几乎见不到文化层，在个别小范围的凹地中发现有灰黑色的沙土层，包含有细石器。地表散布有石器、细石器。器形有石磨棒、石斧、石器残片等，还有石叶、石镞、刮削器、石片等。从遗物判断为新石器时代遗存。

碾盘梁全景

⦀7⦀ 四子王旗布楞岩画

撰稿：谢寒光
摄影：谢寒光

布楞岩画位于四子王旗乌兰花镇东北120公里处，脑木更苏木山达来嘎查布楞牧点内。坐落在一个西高东低的石头山上。东侧为一片枳笈湖，南侧为丘陵地，西侧有一条南北向的草原路，北侧为一条东西向的季节河，河北约300米有牧民住户两处。

岩画刻划在铁色的岩石上，坐北朝南，内容为骷髅形岩画。这些骷髅形岩画，与古墓中出土的骷髅形岩画形象酷似，就像人头骨没有下颌骨，锯齿状的上齿排成一行。整齐而锋利。从这里的自然环境和岩画内容看，当年这个地方是表现各种各样神灵的地方，是定期顶礼膜拜的圣地。这些奇形怪状的图像，就是原始人所认为的当时主宰世界的超自然的神灵形象。这些骷髅岩画不是孤立的文化现象，荒古人类崇拜头骨是一个普遍的现象。这种现象是祖先崇拜的表现形式。它的起源很有可能与远古时代的食人之风有关。岩画址大致呈正方形，面积为75平方米。据岩画内容认定该岩画的时代为新石器时代。

布楞岩画地点

布楞岩画局部

青铜时代

进入青铜时代，乌兰察布市境内地区环境气候向干冷发展，土地已不适宜农业耕作，大量的农耕人群南迁。在距今约3800年左右，相当于夏代中晚时期，出现了从事半农半牧经济的人群，其人口数量急剧减少，发现的少量遗址主要在岱海盆地周围，是以陶器蛇纹鬲、蛋形三足瓮为代表一类遗存，归属于朱开沟文化。这一时期北方的游牧民族开始形成和壮大。西周至春秋、战国时期，活动在本地区的游牧民族主要为赤狄及楼烦等，在岱海地区发现了较多的墓地，也反映出了游牧与半游牧民族的文化特征。其文化内涵均显示出了"百有余戎，然莫能相一"的局面，即是岱海地区的各墓地间的差异性。从人骨鉴定结果看，有东亚人的古华北类型、古中原类型、北亚人种，说明在本地区出现了人种交融的复杂现象。

|||| 8 |||| 凉城县毛庆沟墓群

撰稿：胡晓农
摄影：方宏明

凉城县重点文物保护单位。

位于凉城县永兴镇毛庆沟村北2公里处，坐落于蛮汉山脉南麓的丘陵地带。东、北、西三面群山环抱，北靠草几背山，东为刁王山，西有老虎山。墓群的西侧是大西沟，地势北高南低。1979年内蒙古文物工作队主持全区文物干部训练班的野外实习，对该墓群进行考古发掘工作。发掘工作由田广金、张郁先生负责。共发掘青铜时代至早期铁器时代墓葬79座。

墓群自山脚下依坡排列，呈长方形。东西约80、南北约100米。墓地是一处氏族和公共墓地，排列顺序大体东西成排，南北成行。在墓地西部边缘小孩墓为多。

毛庆沟墓群全景

毛庆沟墓葬43号墓　　毛庆沟墓葬10号墓

墓葬均为长方形竖穴土坑墓，四壁规整。墓坑方向以东西向者为多，共67座，南北向较少，只有20座。墓内人骨保存完好的有47座，早期被盗墓18座。葬式以仰身直肢葬为主，个别俯身直肢葬。经过对保存较好的59具人骨鉴定，成年男性墓38座，成年女性墓21座，小孩墓6座，年龄最大者60岁，最小则16岁，平均年龄在38～40岁。墓地普遍流行殉牲习俗，主要为山羊，还有少量的牛、马、狗等动物骨骼。

墓内殉葬品多少不等，少者1件，多则104件。在有随葬品的墓中，以各种装饰品随葬者最多，共60座。兵器和工具大都随身佩带，分别发现于12座墓中。随葬陶器的墓有36座，出有马具的墓2座。随葬品的放置，大都有一定的规律。各种料珠组成的串饰均散落在头、颈附近，各种动物铜、铁组成的腰带，整齐地排列于腰际，大型动物饰牌均置于身体右侧肩部，铜器一般放在脚下，陶器均放在头部上方，有的置于头龛之内。

随葬品种类有陶器、兵器和工具、装饰品、马具、杂品等。陶器以泥质灰陶、泥质红褐陶为主，有极少量的夹砂灰陶。纹饰以绳纹为主，还有弦划、波浪折划纹及附加堆纹、素面等。器形有小口圆腹或鼓腹罐、带耳罐、壶形罐、鬲、盆等。兵器和工具的质地有铜、铁、骨质材料，器类有短剑、戈、镞、矛、刀和鹤嘴斧等。装饰品有项饰、腰带饰和其它佩饰品等。项饰是以各种料珠串连组成的项链，料珠有骨、石、玛瑙、水晶制和烧制的料珠。带饰有铜带扣、带钩、环、双鸟纹饰牌、联珠状饰、扣饰、兽头饰、多孔饰牌、动物纹长方形饰牌等。此外，还有铁饰牌等。佩饰品有铜管状饰、扁连环饰、鹤嘴形饰、铜铃、挂钩，骨饰品有觿和古卡扣等。马具有铜马衔和节约。杂器有陶纺轮、石棒形器、骨簪、蚌饰、贝饰和铜印、骨玦、铜耳环等。根据器物形制的变化和组合，及比对其它地区出土相同的器物，把全部墓葬划分为四组，大体代表了四个时期段：春秋晚期、战国早期、中期、晚期。根据文献记载及相关的考证，毛庆沟一期文化，应属某一支狄人文化。而二、三、四期文化，可能与楼烦有关。

⫴ 9 ⫴ 凉城县饮牛沟墓群

撰稿：胡晓农
摄影：方宏明

凉城县重点文物保护单位。

位于凉城县永兴镇毛庆沟村东北1公里处，坐落于蛮汉山脉南麓的丘陵地带。在山丘南坡上的缓坡地带，地势北高南低，墓地的东西两侧和中部有三条较深的冲沟。其西部是一条较宽的河流。1979年内蒙古文物工作队调查发现该墓群。1982年清理发掘15座墓葬。1997年又对此墓群

饮牛沟墓群全景

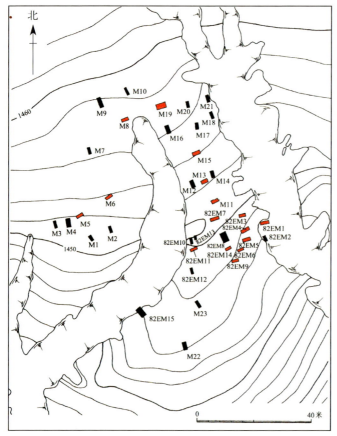

饮牛沟墓地总平面图

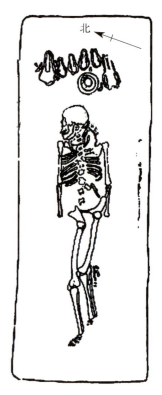

饮牛沟墓葬9号墓平面图

进行了第二次的考古发掘工作，清理发掘23座墓葬。

墓群依地势呈不规则分布，面积约2万平方米。墓葬均为长方形竖穴土坑墓，四壁规整。葬式均为仰身直肢葬。墓向有东西向和南北向两种。东西向的墓葬共16座，头向东，有少量的棺椁墓，有动物殉牲现象，随葬品的数量较多，铁器有短剑、鹤嘴斧、刀，青铜器有镞、带钩、饰件，还有骨镞、砺石、陶罐等。南北向的墓葬共22座，头向北，有棺椁的墓葬比较东西向的墓葬数量多，亦有动物骨骼的出土，随葬品的数量略少，多为青铜及铁制的带钩、青铜环、青铜管形饰件、石环、鹿角匕等和陶罐。根据器物群形制的特征，对比其它地区出土相同器物，判断出该墓群的年代为战国时代晚期。这一时期，赵武灵王"胡服骑射"北拓疆域。《史记·赵世家》载："二十六年，复攻中山，攘地北至燕、代，西至云中、九原"。阴山以南地区，包括蛮汉山一带纳入了赵国的版图。饮牛沟墓群就反映出了农耕文化经济与畜牧文化经济的交融过程。

‖10‖ 察哈尔右翼后旗井沟岩画

撰稿：胡晓农

摄影：王淑萍　刘艳农

察哈尔右翼后旗重点文物保护单位。

位于察哈尔右翼后旗土牧尔台镇半号地村西北500米处，坐落于阴山北部内蒙古高原的丘陵地带，在一山丘西坡上的裸露岩石中，南部为草滩地，西侧有一冲沟，东北侧有一颗老榆树。

岩画群刻在一群岩石上，分布面积约150平方米。岩画刻在几块较大的石头上，共发现3幅岩画。刻有马的图形，呈怀孕的体型，背部低凹，鼓腹。还有三花马图形、鹿的图形、狗和月亮图形等。制法为打、磨兼制。

根据岩画内容及风格考证该岩画址的时代应为青铜时代。

井沟岩画地点

井沟岩画局部

井沟岩画局部

井沟岩画局部

‖11‖ 四子王旗包格图阿莫岩画

撰稿：谢寒光
摄影：谢寒光

四子王旗重点文物保护单位。

位于四子王旗乌兰花镇东北120公里处，白音朝克图镇白音敖包嘎查包格图阿莫牧点内。

岩画刻划在一个东西狭长、西高东低的山沟北侧阳坡石崖上。岩画内容为鹿、马、狗。东侧石崖上有10个动物形象的岩画，石头面积2米×1.5米，作画手法为阴刻。岩画址大致呈长方形，面积为1014.86平方米。据岩画内容考证该岩画址的时代应为青铜时代。

布和特阿莫岩画局部

布和特阿莫岩画局部

布和特阿莫岩画局部

‖12‖ 四子王旗希纳格岩画

撰稿：谢寒光
摄影：谢寒光

四子王旗重点文物保护单位。

位于四子王旗乌兰花镇东北110公里处，脑木更苏木山达来嘎查希纳格牧点内。岩画址坐落在一个东高西低的石头山上。东侧为丘陵山地，南侧约0.5公里有一条东西向通往赛汉塔拉的土路，西侧山脚下为一条西北高东南低的流水沟，西北侧约0.5公里有铁矿。

岩画刻划在灰黄色的岩石上，内容为鹿1只，高18、长15厘米。岩画址大致呈长方形，面积为64平方米。据岩画内容认定其时代应为青铜时代。

希纳格岩画局部

希纳格岩画地点

战国秦汉时期

　　战国晚期，赵国扩土北疆，赵武灵王实施"胡服骑射"的变革。公元前307年"北破林胡、楼烦，筑长城，自代并阴山下，至高阙为塞"。乌兰察布阴山南部地区并入赵国的疆土，并分属于云中、雁门、代三郡的管辖。在长城南部筑建了一些城市、戍守的城障和屯田村庄。秦沿袭赵国郡制。西汉时期隶属并州刺史部管辖，为雁门郡、定襄郡、代郡三个郡的辖地。东汉时期，建武十六年（公元40年）后，汉北边各郡重归汉朝，并由郡县制改为州县制。汉灵帝时（168～189年），定襄、雁门等郡因战乱不休，名存实亡。建安二十年（215年）后，东汉王朝失去对上述地区的控制。公元91年，北匈奴西迁后，鲜卑迁徙至匈奴故地，十余万匈奴部落归并鲜卑。2世纪中叶，鲜卑部落的首领檀石槐在弹汗山辍仇水（今兴和县大青山西麓后河流域）设立牙帐，统辖地区划分为东、中、西三部，鲜卑军事部落大联盟在此建立。235年，鲜卑部落大联盟瓦解。此后鲜卑拓跋部兴起。这一时期，本地区文物遗迹较多，有长城、城址、村落遗址、墓葬等，反映出了政治、经济、文化的开发和发展，同时也是中原政权与北方民族争夺的重要地区。

||13|| 卓资县三道营古城

撰稿：胡晓农
摄影：张文平　丹达尔　孙国平

内蒙古自治区重点文物保护单位。

又名"土城子城址"。位于卓资县梨花镇土城行政村。城址坐落于阴山山脉南麓大黑河南岸的台地上。城址东西为大黑河河谷延伸地带，南部为丘陵地带，北依河对岸的大黑山。城址地势呈西部高、东部低的缓坡状。城址内的南部是土城子村，110国道紧邻城址的南墙外，东西向而过。

城址依其建筑年代分为东、西两城，西城又可分为南、北两城。整个城址略呈长方形。东城向南前凸。西城的南北两城平列，北城的西北部向北外凸。各城紧密相连在一起。城址设有瓮城、马面、四角角楼。

西城：呈长方形，东墙长570米、现存有马面5个。南墙长480米，现存有马面2个。西墙长670米，现存有马面5个。北

东城东墙

西墙全景

城墙分为东西两段，西段长280米，有马面2个。东段长200米，向南移100米，东段有一段残存向北延伸的城墙，被河水冲毁。在西城内南城墙向北230米处，筑有东西向的隔墙，长480米，把西城分为南北两城。城墙为夯土筑建，墙宽8~10、残高6~8米，夯层厚10~15厘米。马面外凸，略高于城墙，外凸10~15、宽8~10米。除东南角楼无遗迹外，其余拐角均设角楼，角楼为圆角方形，东西长10、南北长12米。城门位于在南墙的东段，宽10米，外置瓮城，为方形，边长30米，瓮城门开于东侧，宽12米。在西城的北部设置有城门。

残高5～8米，夯层厚15～17厘米。马面外凸，略高于城墙，外凸12～13、宽12～14米。现存东北、东南、西南三个角楼，高出城墙约1米，为圆角方形，东西长17、南北宽19米。城门位于在东墙的中间，宽10米，外置瓮城，为长方形，东西长30、南北宽45米，瓮城门开于南侧，宽14米。

战国、汉时期的遗存主要分布在西城。在西城北部分布有东西两处院落，东院东西长70、南北宽110米，在东北角有一方形建筑台基基址，边长30、高1.5米。西院东西长210、南北宽110米，其南部有一长方形建筑台基基址，东西长38、南北宽25米。墙宽3米。在西城中部偏北分布两处建筑台基基址，东西50～30、南北32～22米。在西城内的地表散布有建筑构件和陶器残片。建筑构件有砖、板瓦、筒瓦、卷云纹瓦当等。陶器有釜、罐、盆、钵、豆、瓿等。此外，城内还发现有沟纹砖和大量的钱币，有"半两"、"开元通宝"、"元丰通宝"、"崇宁重宝"、"至道元宝"、"元祐通宝"、"嘉祐通宝"等。在东城内没发现有遗迹现象，地表发现有极少量的明代粗瓷片，东城城墙的夯层厚于西城城墙，坚硬程度亦弱，城墙夯土中包含有汉代陶片，所以东城应为晚期增建的。

该城址的筑城的年代为战国晚期，西汉时期沿用，其范围是西城或西城的北城。唐、辽时期可能也沿用过此城。明代时期扩建了东城，同时可能对西城进行过修缮。城址北1.6公路处是东西走向的赵北长城。秦代为云中郡的辖地，西汉时属定襄郡。根据近些年的考古发现与考证，以《水经·河水注》荒干水（大黑河）流

东城：依西城的东墙而筑，是后来增建的。略呈长方形，东墙长600、宽9、残高5米，方向10°，有马面4个。南墙长410米，有马面2个。南墙西端北折，与西城的南墙相接，距离130米。北墙的西段被毁，残长170米，方向300°，残存有马面1个。城墙为夯土筑建，墙宽8～10、

经的定襄郡所辖各县，考定出了武皋县故城位置，为呼和浩特市东郊陶卜齐城址。在其东有武要县，该城址的地理方位和规模建制与之相符。又"武要"地名出现于北魏时期，有"武要北原"之称，《魏书·太祖纪》载："丙辰，西登武要北原，观九十九泉，造石亭，遂之石漠"。

卷云纹瓦当

板瓦、筒瓦、瓮、釜残片

南城西墙

东城城内

南城西南角角楼遗迹-

九十九泉位于阴山的北侧，在该城址东北约25公里处。据此推断此城为西汉定襄郡的武要县城址。明代洪武八年（1375年）在大同边外设置官山卫，以安置归附的蒙古首领不颜朵儿只率领的众部，不久后不颜朵儿只率部逃归漠北，官山卫便废弃。官山卫城址就是今卓资县三道营（梨花镇）土城子城址。

东城南墙及远处的小平顶山

城墙局部夯层

‖14‖ 卓资县城卜子古城

撰稿：胡晓农　齐溶青
摄影：齐溶青

卓资县重点文物保护单位。

又名"六苏木城址"，位于卓资县卓资山镇城卜子村北300米处。坐落阴山山脉东段南麓的丘陵地带，四周群山环绕，北临大黑河，是河床两岸相对较高的台地，地势相对平坦。110国道由城址西南部穿过，城址所处的大黑河南岸台地，是历代由内地通往塞外主要通道，地理位置特别重要。该城址在"二普"工作中发现。1995年内蒙古自治区文物考古研究所，配合110国道（公路）基本建设进行抢救性考古发掘。2010年内蒙古师范大学考古文博系、内蒙古自治区文物考古研究所，配合110国道（公路）扩建工程进行了第二次抢

城卜子古城

2010年发掘区全景

救性考古发掘。

城址平面呈正方形，城墙边长为180米，占地面积32400平方米。夯筑城墙，保存较好，基宽5.7、顶宽3.5、高3.5米，夯层厚6～12厘米，夯窝为圆形，直径20、深18厘米。城门位于北墙的偏西处，门宽12米。城址内文化层厚60～100厘米。城内地表散布板瓦、陶器残片。在两次的田野考古发掘工作中，发掘区主要集中于城址的西南部，并对城墙进行了解剖，共发掘面积925平方米。发掘灰沟3条、灰坑5座。出土了大量的建筑构件、陶器残片、铜器小件、铁器、石器等。建筑构件主要有绳纹板瓦、筒瓦，素面、云纹、环纹瓦当。陶器有瓮、釜、罐、盆、甑、鼎、碗、纺轮

南城墙夯土层

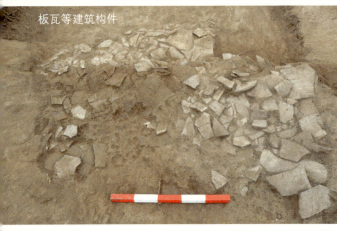

板瓦等建筑构件

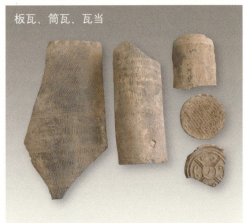

板瓦、筒瓦、瓦当

出土布币现场

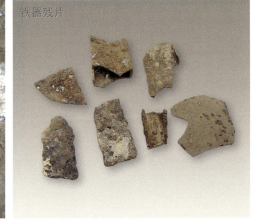

铁器残片

布币

陶器残片

箭镞

等。铜器有镞、布币、刀币、"半两"圜钱等。铁器有刀、镢等。石器有斧。

在两次发掘简报中，通过对城址的规模形制、建筑方法、地理位置以及出土遗物的文化内涵分析，并依文献史料的记载，将该城址年代和性质做出了较为准确的判断，古城建筑的"相对年代定在公元前300至前221年之间"。"城卜子古城是属于赵长城边侧的一处重要的障城类城址，是赵国军事防御体系的重要组成部分"。

瓦当

‖15‖ 卓资县小土城城址

撰稿：胡晓农

摄影：孙国平

卓资县重点文物保护单位。

位于卓资县梨花镇小土城行政村头边村南约500米处。坐落阴山山脉东段南麓的丘陵地带，四面环山，西高东低。处在冲击干河床的交汇之处，沙河环绕城址东北两面。

城址呈长方形，东西80、南北100米。文化层厚0.6米。城墙保留较差，所剩东南部一角和南城墙的一段，残高1米。夯层10～12厘米。城内北部有一长方形夯土建筑基址，南北长45、东西宽39、高约3米。地表散布大量的残砖、绳纹瓦、陶片，陶器器形有罐、盆、钵等。根据采集标本和遗迹现象判断为战国时期城址。

小土城城址全景

‖16‖ 凉城县左卫夭城址

撰稿：胡晓农
摄影：方宏明

内蒙古自治区重点文物保护单位。

位于凉城县蛮汉镇左卫夭村北200米处。坐落在蛮汉山系的北麓的丘陵地带。三面环山，地势较为平坦，东北面为桃山，南与蛮汉山相望，北面有一条季节性河沟。

城址平面呈长方形，南北长500、东西宽300米。东墙、北墙遗迹已不太明显。南墙保存较好，顶宽1.5~5.5、基宽10、残高1.5米。西墙残高2.8~3.5、基宽11.5米。城址四角残存有角楼，突出城墙之外，呈圆弧形，直径13、残高7米。夯土筑墙，夯层厚7~10厘米。城内文化层厚1.2~1.5米。采集标本建筑构件有卷云纹瓦当、绳纹板瓦、筒瓦、砖等，陶器有瓮、绳纹罐、绳纹盆、折腹钵等残片。根据城内的遗迹、遗物特征判断，左卫夭城址为西汉—东汉时期的古城。

左卫夭城址西城墙

‖17‖ 察哈尔右翼中旗阳湾子边堡

撰稿：胡晓农
摄影：陈文俊

察哈尔右翼中旗重点文物保护单位。

位于察哈尔右翼中旗乌兰苏木永胜堂村西约1公里处。地处阴山山脉辉腾梁北麓的丘陵地带，在山丘南部的坡地上，地势西南高东北低。南约50米处为旗中旗至呼市的公路。

边堡平面呈正方形，边长35米，夯土筑墙，墙基宽6米，残高3米，夯土层厚12～28米，城门位于南墙正中，宽5.5米，边堡内文化层厚度约0.3米，地表散布有绳纹板瓦、筒瓦、"千秋万岁"瓦当和陶器残片等。陶器器形有盆、罐、钵等。从遗迹、遗物判断属汉代城址。

阳湾子边堡

‖18‖ 古镇市北土城城址

撰稿：胡晓农
摄影：张升华

位于丰镇市红砂坝镇北土城村南端。坐落于乌兰察布南部黄土丘陵地带，四面环山，北高南低。城址南临一条干涸的河床，西靠一片水草丰茂的湿地，京包铁路南北穿越湿地，西与其并行的208国道距古城约1.5公里，城址处于一块独立的台地上，现为耕地。

城址呈长方形，东西长约160、南北宽约120米。城墙保存较差，北墙痕迹依稀可见，其他墙段在地表只看到夯土的印迹。城内地表散落遗物有陶器残片，器形有绳纹罐、折腹钵、陶盆等，根据遗迹现象及采集标本分析为汉代时期的古城。在距该城址西北13公里处，有一条东西向的汉代长城，从土城城址的建制看，应为汉代长城附属的障城。

土城城址

北土城城址南墙

北土城城址北墙

‖19‖ 丰镇市元山子三角堡址

撰稿：胡晓农

摄影：张升华

　　位于丰镇市元山子乡西南约5公里。坐落于乌兰察布南部黄土丘陵地带的山区小盆地之中，处在盆地的东部地势较高的矮土丘上，有居高临下之势。其东80米为南北向的乡间公路。

　　三角堡为等腰三角形，坐北向南，边长均约150米。城墙基宽8、顶宽3、残高2.8～4米。黄褐色夯土建筑，夯土层厚10～15厘米。城堡城墙外设有护城壕沟，壕沟宽8～10、深1～1.5米。在城的西墙中部设有门，宽5米。城堡的三角设有外凸圆形角楼，直径15米。城堡内的南部设有圆形土台，直径10、残高1.5米。北部有一排房屋的建筑痕迹。城堡内地表散布有少量的陶器残片，器形有绳纹盆、素面罐等。根据城堡的形制及采集标本判断，该城堡为汉代时期的军事边堡。

元山子三角堡址全景

‖ 20 ‖ 凉城县索岱沟古城

撰稿：胡晓农
摄影：方宏明

凉城县重点文物保护单位。

　　位于凉城县麦胡图镇城卜子村中。坐落于岱海盆地的东北部边缘地带。地势平坦。东部是索岱沟，向南是盆地平原。

　　城址呈长方形分布，南北500、东西300米。城墙为夯土筑建。北城墙遗留两段残墙，西段残长36、基宽4.5、残高1.4米。东段残长94、基宽4、残高1.5米。夯层厚15厘米。西城墙已成为耕地，隐约可辨城墙走向。南城墙残长约40、基宽2、残高0.6米。地表采集标本有绳纹瓦、直口鼓腹陶罐、折沿陶盆、折腹陶钵等残片。根据遗迹、遗物分析，该城址为汉代古城。

索岱沟古城北城墙

索岱沟古城南城墙

‖21‖ 凉城县沃阳故城

撰稿：胡晓农
摄影：方宏明

凉城县重点文物保护单位。

位于凉城县六苏木镇双古城村东南500米处。坐落于蛮汉山南麓的丘陵地带，依山傍水，地势为西高东低的坡状。东部为双古城水库库区。

城址平面呈长方形，南北494、东西327米。城内中间有东西向隔墙，城墙为夯土筑建。城墙基宽12、残高1~5米，夯土层厚10厘米。南墙和隔墙中部各设门，宽约5米。城外有护城壕。现在城址的东部被双古城水库淹没，并冲毁大部分的遗迹。城内地表散布有绳纹灰陶罐、弦断绳纹折沿盆、陶甑、折腹钵及建筑构件等残片。在城址内外曾出土有汉代铜镜、陶器、封泥、铜印等，还发现有布币、"半两"、"五铢"、"大泉五十"、"货泉"等。根据遗迹、遗物的特征分析，该城址的遗存年代为战国、秦汉时期。

《水经注》卷三《河水》记载："一水东北流，谓之沃水，又东经沃阳县故城南，北俗谓之可不埿城，王莽之敬阳也。"又云："沃水又东北流，注盐池。《地理志》曰：盐泽在东北者也。今盐

池西去沃阳故城六十五里，池水澄淳，渊而不流，东西三十里，南北二十里。池北七里，即凉城郡治。池西有旧城，俗谓之凉城也，郡取名焉。"据此推断，此城为战国晚期赵武灵王时修筑城堡，秦汉时沿用，汉代为雁门郡沃阳县故城。

沃阳故城西墙

沃阳故城

‖22‖ 凉城县双古城古城

撰稿：胡晓农
摄影：方宏明

凉城县重点文物保护单位。

位于凉城县六苏木镇双古城村东南500米处。坐落于蛮汉山南麓的丘陵地带。依山傍水，地势为南高北低的坡状。北与沃阳故城隔弓坝河相望。北部为双古城水库库区。

城址呈正方形，边长80米，面积6400平方米。城墙保存较好，夯土筑建。墙宽4、残高2～5米。城内仅一南门，宽10米。城内地表散布有少量陶器残片，器形有绳纹罐、弦纹折沿盆、钵等残片。根据城内的遗迹、遗物分析，该城址为汉代古城。

双古城古城

双古城古城内

‖23‖ 化德县向阳城址

撰稿：胡晓农　刘雪峰

摄影：郝丽萍

绘图：马登云

化德县重点文物保护单位。

位于化德县七号镇向阳村东250米处。坐落于内蒙古高原的山间谷地中。城址地势平坦、开阔，现为耕地。

城址呈长方形分布，方向20°。东西长200、南北宽160米。墙体为夯土筑建，墙体基宽8、残高0.5~0.8米。东、西城门中部各设一城门，门宽15米。城四角均设有角楼。城址墙外设有护城壕，壕宽11、深0.3~0.5米。在城内的南部、西部暴露有建筑基址，地表散布有板瓦、筒瓦、云纹瓦当、陶片等。从遗物特征判断，该城址为汉代古城。从向阳城址的建制看，应为戍边的边堡，此城是该地区分布最北端的汉代城址。

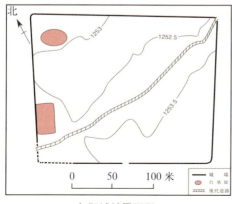

向阳城址平面图

向阳城址局部

向阳城址全景

||24|| 赵北长城

撰稿：李恩瑞　曹永利
摄影：李恩瑞

　　乌兰察布市境内的赵北长城由东向西分布于现今兴和县、察哈尔右翼前旗、集宁区、卓资县，长城基本为东—西走向，或建于阴山山脉南麓的山腰处，或建于丘陵地带的缓坡之上、沟谷之间，全长约168公里。

　　赵北长城所经过地区属乌兰察布市的中南部及东部，该区域北部为阴山，南部是广袤的乌兰察布高原，海拔800～3000米左右，地势起伏不平，地形变化较大，地貌呈山区、丘陵、沙地、草地等特点；地区气候属中温带半干旱大陆性季风气候，野生动植物繁多。

　　赵北长城墙体自兴和县民族团结乡二十七号村东南向西北延伸，经圪塄营村南、举人村、边墙渠村、乔龙沟村，至高家村折向西南，经官子店村伸入察哈尔右翼前旗境内；由黄茂营乡黄家村向西北延伸，经翁家村北、于家村南、喜红梁村，在董家村南西行，经兴和城村南、四喜村、十二股村、望爱村南折向西北，经半哈拉沟村南、大哈拉沟村南伸入集宁区境内；经二道洼村北、顶兴局村南、三股泉村北、高凤英村北，复又进入察哈尔右翼前旗境内；由三岔口乡十六号村西行，经

小土城村、十一洲村折向西南，经北六洲村、十二洲村北、九洲村、六洲村南、西五洲村南进入卓资县境内；由东边墙村继续向西南延伸，经前滩村、正边墙村、五福堂村、西边墙村，经胜利村西北爬上汗海梁山，过山印梁村东南，经边墙村、官营盘村西，至少岱沟村南折向西北，经义丰村北、泉子梁村，沿大黑山南麓半坡，经福生庄、东圪旦村、苏木庆湾村，至北营子村折向西南，过旗下营镇那只亥村进入呼和浩特市境内。

墙体类别主要以土墙为主，偶见石

赵北长城察哈尔右翼前旗董家村段

墙。土墙全部为夯土墙，黄褐土或黑褐土夯筑，夯层厚0.08～0.2米，夯土内夹碎石颗粒、白碱泥等杂物，有自然与人工两种基础。残留部分坍塌严重，多成不规则土垅状，底宽1.6～9、顶宽0.3～8、现高0.2～3米。石墙为土石混筑，自然基础，残留部分呈高低不齐的石垅，底宽3.5～10、现高0.7～3米。

此外，在赵北长城两侧共发现有5处附属设施，包括1座烽燧、3座障址及1座城址。

烽燧建于长城墙体内侧，外观形状呈覆斗形，平面呈长方形，剖面为梯形。其底部东南、西北两边长43米，东北、西南两边长40米；顶部东南、西北两边长33米，东北、西南两边长26米，现高

赵北长城卓资县头道营段

赵北长城卓资县官营盘段

赵北长城察哈尔右翼前旗喜红梁段

1.2～1.3米。

障址均建于长城墙体内侧，面积相等，平面形制非常规则，均呈长方形，南北长35、东西长40、墙高0.5～1.5米。障址损毁严重，保存差，朝向不详，围墙均为黄褐土夯筑，夯层厚0.08～0.1米。其中有两座障址的北围墙利用了长城墙体。

古城址即三道营城址，建于赵北长城南侧，保存一般，轮廓清晰。古城平面整体呈不规则形，有东、西两座小城址，城与城之间互不相同，四周城墙坍塌损毁严重，城址内部大多已被开垦为耕地并修建水渠。东城面积大于西城，两座小城址均有1座城门，外有瓮城；城墙为黄土夯筑，外侧均建有马面。

春秋战国时期诸侯争霸，相互兼并，各诸侯国先后修筑长城。《史记·匈奴列传》和《史记·赵世家》中记载，赵武灵王二十年（公元前306年）锐意推行兵制改革，胡服骑射，北破林胡、楼烦，于赵武灵王二十六年（公元前300年）在赵国北部边境修筑长城，"自代（即代郡，今河北省张北南）并阴山下，至高阙（今内蒙古巴彦淖尔市乌拉特前旗境内）为塞。置云中、雁门、代郡"，加强对其北部各游牧民族的防御能力，史称"赵北长城"。

赵北长城察哈尔右翼前旗北六洲段墙体夯层

‖25‖ 秦汉长城 ————————

撰稿：李恩瑞　高智耀
摄影：李恩瑞

秦汉长城在乌兰察布市境内主要分布有两道，全长约41公里。一道由东向西分布于兴和县、察哈尔右翼前旗、丰镇市、凉城县、卓资县，长城基本呈东北—西南走向；另一道由南向北分布于凉城县、卓资县、察哈尔右翼中旗，长城基本为南—北走向，该道长城为2010年度早期长城资源调查新发现。

乌兰察布市位于内蒙古自治区中部，地处阴山山脉中段，属高原地貌区。秦汉长城所经过旗县、市区属乌兰察布市的中南部及东部，为内蒙古高原向华北平原的过渡带，山大沟深，沟壑纵横。该区域北部为阴山，南部是广袤的乌兰察布高原，海拔800～3000米左右，地势起伏不平，地形变化较大，地貌呈山区、丘陵、沙地、草地等特点；土壤以黄土、黄褐土为主，野生动植物繁多，地区气候属中温带半干旱大陆性季风气候。长城在山岭之上，或顺山脊而建，或建于阴山山脉南麓的山腰处，或建于丘陵地带的缓坡之上、沟谷之间。

秦汉长城由东向西的一道（兴和县境内只发现有烽燧，未见长城墙体）自察哈尔右翼前旗土贵乌拉镇口子村西北向

西行，顺山势而上，经黑沟村、东房村、北营村南进入丰镇市境内；进入丰镇市境内，墙体遭到严重破坏（耕地、林地），大部分墙体已消失，只残留有一小段石墙。过三义泉乡麻迷图村，长城继续西行深入凉城县境内；进入凉城县不见墙体痕迹，只在麦胡图镇保岱沟村南发现一座烽燧，向西行至边墙村内才新发现一段明显的夯筑土墙，长约650米。在凉城县与卓资县交界处的山谷口另发现一段夯筑土墙，大致呈东西向穿越山谷，全长约500米，该段墙体应为一段防御谷口的当路塞。卓资县只在大榆树乡坝梁村南新发现一段夯筑土墙（当地老乡俗称边墙），长约400米。

秦汉长城由南向北的一道自凉城县蛮汉镇圪林沟村西北发现的一座烽燧北部偏

秦汉长城察哈尔右翼前旗黑沟段

东约200米处开始，墙体顺势蜿蜒盘旋于边墙梁（当地山名）山脊之上，依山势上下起伏，经后德胜村东、巴安兔沟村西，穿过一条已干涸的季节性河流，复上山北行，过磐山进入卓资县境内；长城从磐山下来后穿过已干涸的季节性河流，过东脑包村进入一条沟谷内（当地俗称脑包沟）墙体中断，只见有距离不等的烽燧，或建于山沟两侧的台地上，或建于两侧的半坡上，或建于河槽内。经大榆树乡阳坡村、曹旺营村、牛路沟村、王家卜村、张家圪塔村、北坝村复入另一条沟谷内（当地俗称大石头沟），再经梨花镇坝壕子村、黑土沟村、大井村、三股地村、双脑包村、小土城村，出杀马沟复见长城墙体继续顺山而上；经头道泉村西的低矮土山，穿京

秦汉长城凉城县边墙村段

藏高速公路、在建中的京包铁路三线、110国道，在土城子村西折向东北与赵北长城相交后，过大黑河，顺大黑山而上，在半坡处分为两叉，一道折向西行（当地俗称边墙梁），至石洞背（当地沟名）又折向西南，下山后西行，至上三道营村东止；另一道顺山势北上，以石块垒筑，长约300米。

无论是呈东北—西南走向，还是呈南—北走向的秦汉长城，墙体类别主要有土墙和石墙两种。土墙全部为夯土墙，黄褐土夯筑，多数夯层厚0.08～0.12米，有个别夯层厚0.06米，夯土内夹有碎石块、料礓石等杂物。有自然与人工两种基础，残留部分坍塌严重，多成不规则锯齿形土垅状，底宽1.5～10、顶宽0.5～4、现高0.2～3.5米。石墙分为土石混筑与石块垒砌两种，自然基础，地表石块排列整齐，残存为一条起伏明显的石垅，底宽0.8～2.5、现高0.2～2.1米。

此外，在两道秦汉长城墙体之上或沿线两侧共发现81处附属设施，包括53座烽燧，20座骑墙烽燧，3座古城址，5座障址。

烽燧一般建于墙体两侧视野开阔之地，有时则依据地形、地势建于沟谷之中及两侧的缓坡之上呈列燧分布。秦汉长城沿线共发现53座烽燧，其中土质夯筑42座、土质堆筑5座、石块堆筑6座，均无台基。烽燧大多建于长城墙体内侧，只有1座（三岔口烽燧）建于长城外侧。土质夯筑烽燧由黄褐土、灰褐土或黑褐土夯筑，夯层厚0.06～0.15米，多数在0.08～0.1米之间。夯层内夹有碎石块、砂粒或白泥土等杂物，实心。平面形制多数呈不规则圆形，剖面呈梯形、覆钵形或圆锥形，底径3～12、顶径0.5～4、现高0.5～6米。土质堆筑烽燧由灰褐土或黑褐土堆筑，实心。平面形制呈不规则圆形，剖面呈圆锥形，现高2～5米。石块堆筑烽燧由碎石块混合黄褐土或灰褐土堆筑，实心。平面形制呈不规则圆形，剖面呈覆钵形，底最大径11.5～20、现高0.8～2米。

察哈尔右翼中旗永生堂障址

骑墙烽燧建于长城墙体之上。秦汉长城共发现骑墙烽燧20座，无台基，实心，夯筑。平面形制基本为不规则圆形，剖面呈梯形，底径4～10、顶径0.5～3、现高1～4米。骑墙烽燧的相邻距离在60～3000米之间不等。

土城村城址、索岱沟城址、左卫夭城址3座城址均建于长城内侧。总体保存差，轮廓较为清晰，城门朝向不详。城址四周城墙损毁严重，内部现均建有农居并有大量农田耕地，地表已无法辨认任何遗迹，古城原有设施不详。三座城址的城墙均为夯筑，城内有大量的残碎建筑构件及陶片。土城村城址平面呈不规则形，周长495米；索岱沟城址与左卫夭城址平面均呈长方形，面积相等，为150000平方米。

秦汉长城沿线发现的五座障址大多平面形制比较规则。其中，三座平面呈长方形，一座平面呈方形；只有黑沟建筑基址外观形制严重破坏，只残留有周长80米，现高4～5米的不规则圆形土质台基。口子1号障址、口子2号障址、三岔口障址均建于长城墙体内侧，平面呈长方形，面积大小不一，分别为256、208、184平方米；

障址损毁严重，保存差，朝向不详；围墙均为土石混筑，现高0.5～1米，其内部设施、结构不详。永生堂障址建于长城以北，保存一般，平面呈方形，边长60米，围墙现高6～10米；南墙中部有一门址，宽5～6米；障址围墙为黄土夯筑，夯层厚0.06～0.08米，内部被现代堆积覆盖，原有设施、结构不详。

秦始皇统一六国后，兴筑了西起临洮（今甘肃省临洮县），东至于辽东（今辽宁省东部）的万里长城。《史记·蒙恬列传》记："秦已并天下，乃使蒙恬将三十万众，北逐匈狄，收河南，筑长城，因地形用险制塞，起临洮至辽东，延袤万余里。于是渡河据阴山，逶迤而北，暴师于外十余年"。到了秦末，农民纷纷揭竿而起，天下大乱，匈奴冒顿单于乘势南下，夺取了河南地，与汉王朝接壤于秦王朝以前的边界。

西汉初期，统治者采取休养生息的政策，与匈奴结和亲及通关市，进行消极的防御。武帝时，对于北部匈奴的南侵采取积极的防御政策，大将卫青组织大军北上抗击，一举夺回了河南地，建置朔方郡，将匈奴人逐出阴山以北，修缮加固秦长城为防线。《汉书·匈奴列传》记元朔二年（公元前127年）"于是汉遂取河南地，筑朔方，复缮故秦时蒙恬所为塞，因河而为固，汉亦弃上谷之斗辟县造阳地以予胡"。汉武帝统治时期不仅修缮了秦长城，沿线的重要交通要冲增筑了城障亭塞，加筑了列燧，坚固并完善了新的防御体系。

⫼26⫼ 凉城县三座坟墓群

撰稿：胡晓农
摄影：方宏明

凉城县重点文物保护单位。

位于凉城县六苏木镇将军梁村委会三座坟村北1公里处。坐落于岱海盆地的南部，在四面环山的坡地上，地势北高南低。南部是一条东西走向的自然冲沟，北部是山顶。

三座坟墓地由三座墓葬组成，东西排列，从东往西相距分别为187米和67米。三座墓葬均有圆形封土堆，直径基本相同，直径26米左右，高7.5米左右。墓葬基本保持原状，但现已被盗掘，三处均从顶部挖成1米见方的盗洞，垂直而下。根据墓葬特点分析，为汉代墓葬。

三座坟墓群

盗洞

三座坟墓群全景

‖27‖ 卓资县元山子墓葬

撰稿：胡晓农
摄影：孙国平

卓资县重点文物保护单位。

位于卓资县旗下营镇碌轴坪行政村元山村东约70米处。坐落于阴山山脉东段南麓的丘陵地带。墓地在110国道与高速公路之间，东部有一条由北向南的沙河穿过。

该墓葬有椭圆形封土堆墓，面积649平方米，高3.8米。封土有夯筑痕迹，顶部有一个明显盗坑。墓葬地表散布有青砖碎块。属汉代古墓。

元山子墓葬全景

魏晋北朝时期

魏晋北朝时期，南迁此地的拓跋鲜卑部，在洁汾、力微、什翼犍、拓跋珪等几代酋长大人的带领下，驻牧于东木根山、于延水等地，筑建长川城（今兴和县境内），大会诸部于牛川（察哈尔右翼后旗境内），建元登国大典，即代王位。后迁盛乐，改称魏王。398年，迁都平城，建立北魏。493年，孝文帝拓跋宏迁都洛阳。境内的阴山南部地区，分属云中郡、凉城郡、善无郡。在阴山以北地区修筑长城，本地区辖属武川、抚冥、柔玄三镇。这一时期，乌兰察布地区政治、经济、文化的发展，为北魏王朝的建立、拓跋鲜卑入主中原起到积极的推动作用。考古发现了一批城址、村落遗址、墓葬群等，并出土了大量的文物精品。

‖28‖ 察哈尔右翼后旗克里孟古城

撰稿：胡晓农　邢黄河
摄影：王淑萍等

全国重点文物保护单位。

位于察哈尔右翼后旗乌兰哈达苏木克里孟嘎查北300米处，坐落在阴山山脉的北部，韩勿拉山系的西缘中段。南部约5公里处是灰腾梁的东北尾端，东南是辉腾梁与韩勿拉山的隔离带。发源于麻迷图、哈拉沟一带的溪流和源于白音堂一带的小溪，在福虎堂汇合为哈卜泉河。河水自南向北与白—当公路平行，穿城址而过。城址西部是起伏不平的丘陵地，北部是一片草原，地势为东高西低，属平直坡，哈卜泉河流经的中部，冲出宽约150米的河床，形成了下切的河滩地，冲毁了东西城间的部分隔墙。西城地势较为平缓。在河床两边的断崖面上，暴露出古城的文化层。

克里孟古城东窄西宽呈梯形，南北两边都长于东西两边，东城墙中间突出

克里孟古城全景

克里孟古城东北角楼

折角。城址面积约75万平方米。城内分为东西两城。东墙坐落于坡顶，南段长160米，自南向北357°；北段长168米，自南向北345°；南北两段接点处形成外凸的夹角168°。墙宽8、残高1.5~1.7米。南墙长1508米，自东向西26°，墙宽8~9、残高0.5~1.5米。西城墙长700米，自南向北354°，墙宽8~9、残高1~1.5米。北城墙长1520米，自西向东95°，墙宽8~9、残高1~2米。城墙为夯土建筑，夯层厚12~15厘米，土质为粗砂黄褐花土，质地坚硬。在城外四周设有护城壕，宽30米，壕的外侧堆有土楞，宽4、残高0.8米。

在西距东墙557米处筑有隔墙，把古城分为东西两城。隔墙南段被河水冲毁，残存长340米，自南向北2°，墙宽5、残高1.8米、夯层厚13.5~18厘米。隔墙北端突出北墙4米，形成马面。古城四角设有角楼，角楼斜向凸出10、宽8、残高1.5~2.5米。东城墙和西城墙保存较好，东城墙无城门。西墙北端有一处4米宽的缺口。南墙和北墙的中段破坏较重，形成许多缺口，城门设置不详。现存的东、西城隔墙，没发现城门的迹象。

东城面积约32万平方米，在城内依东城的西墙，距南、北城墙各140米处，又设置有正方形的内城，边长160、墙宽

3、残高0.5米。内城内有建筑群倒塌堆积，堆积中包含有大量的砖、板瓦、筒瓦、瓦当等。在东城内距东墙200、南墙192米处，筑有圆形土台，直径31米。土台依坡而筑，台面平整，土台东部高1、西部高1.7米。东城内文化层厚0.4～0.6米，灰褐色土，土质颗粒较大，结构疏松，包含有大量的砖、瓦、陶片等物。西城发现的遗迹较少，只在其东部发现有少量的砖、瓦、陶片等。

克里孟古城外围的土棱和四角楼及北墙的马面，说明该城在建筑时注重防御设施。城内分东西两城，文化遗迹集中在东城。东城内的内城，应是当时统治者居住之地。在东城东部的圆形土台上未发现建筑迹象，应是大型集会场所。

从历次调查该古城采集到的标本分析，一些陶壶的口沿与洛阳烧沟汉墓出土的东汉晚期同类器相近，大口罐与呼和浩特美岱村北魏墓出土的同类器相似。建筑构件绳纹砖、板瓦沿与邺城和大同北魏平城出土的建筑构件相同。根据遗物推断，克里孟古城筑城年代不会晚于北朝，上限可能到东汉晚年。关于该城的性质，有柔玄镇或牛川城的说法。认为牛川城之说的理由是，该地带是拓跋鲜卑入居匈奴故地后的重要根据地之一，克里孟古城即是牛川城。

古城内圆形土台

克里孟古城城墙局部

‖29‖ 四子王旗抚冥镇故城

撰稿：胡晓农
摄影：谢寒光
绘图：丹达尔

内蒙古自治区重点文物保护单位。

又名乌"兰花土城子古城"。位于四子王旗乌兰花镇土城子村委会土城子村西南。坐落在阴山北部的内蒙古高原丘陵地带。城址的东侧为平坦开阔的小平原，远处为阴山余脉的笔架山西缘。南、北、西均为丘陵山梁。南临一条东南至西北向的季节河。城址由主城和套城组成。主城和套城总面积为1871787平方米。

主城大致呈正方形，东西长约912、南北宽约921米。城墙残宽约10、残高约1～3米。四角有角楼，角楼斜向外凸约15、残高约3米。夯土筑墙，夯层厚12～18厘米。四周城墙中部均开有城门，城门宽度约为8.5米。城墙外侧均有护城壕，壕宽约15米。城内的建筑遗迹主要分布在主城的北部和东部，地表散布建筑构件的残块有板瓦、筒瓦、滴水、莲花瓦当、砖等。陶器有泥质灰陶、素面的瓮、罐、壶、盆等。遗物的特征均为北魏时期。

套城南墙由主城西门的北侧向西约766米，西墙向北长约839米，北墙向东长约1100米，东墙向南长约466米，与主城的北门南侧连接。套城城墙残宽约8、残

高约0.5～2米。套城只有西南角和西北角有角楼遗迹。套城内的遗迹、遗物稀少。应为后来增建的城郭。

拓跋鲜卑建立北魏王朝后，在北方蒙古草原上有一支强大的游牧民族柔然。柔然骑兵经常侵入北魏境内，平城的安全受到威胁。北魏太宗明元帝修筑了东起今河北省赤城县、西至巴彦淖尔市五原县的北魏长城。太武帝时，在长城沿线又修建了著名的北魏六镇，驻兵屯田，防御柔然。

多年来历史、考古学界对北魏六镇城址地望的考证一直没有间断，抚冥镇也是其中之一。

20世纪50年代，内蒙古自治区文物考古研究所张郁先生曾对乌兰花土城子古城、库伦图城卜子古城进行过调查，两座古城时代相同，前者规模大于后者，库伦图城卜子古城位于乌兰花土城子古城东北26公里处，"乌兰花土城子古城即第三镇抚冥镇"。李逸友先生认为"抚冥镇城址在今四子王旗库伦图城卜子古城"。周清澍先生认为抚冥镇城址在今察右后旗南部。在《四子王旗土城子、城卜子古城在调查》一文中，李兴盛、赵杰作者引《魏书》卷七"魏孝文帝(拓跋宏)于太和十二年，行幸阴山观云川，丁末，幸阅武台，临观讲武。癸丑，幸怀朔镇。乙末，幸武川镇。辛酉，幸抚冥镇。甲子，幸柔玄镇。乙丑，南还"、清《绥远通志》卷一"再东抚冥，约置今四子王部之东界。斯

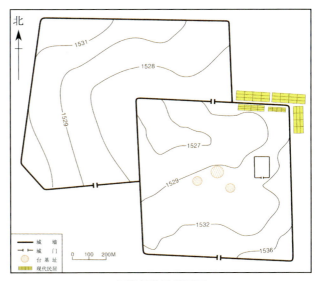

抚冥镇故城平面图

为最初置镇之大概"，对孝文帝巡幸各镇的过程、距离和时间作了推定，比较了上两个古城的规模建制，又与已考证出的其他北魏六镇的城址进行对比，引据文献说明了抚冥镇在北魏六镇中的地位，进一步推断乌兰花土城子古城为北魏六镇之一的抚冥镇。

抚冥镇故城

‖30‖ 兴和县长川故城址

撰稿：胡晓农
摄影：张晓东
绘图：丹达尔

内蒙古自治区重点文物保护单位。

位于兴和县团结乡，康家、张家、高家自然村中部。城址坐落在阴山山脉东部尾端的南部，四面为丘陵的盆川之地。周邻区域开阔，地势平坦。城址地势北高南低，为缓坡状。城外南部有一条东西走向的河沟。

城址呈正方形，边长约500米。东城墙北段、北城墙东段保存略好，西城墙被洪水冲毁，南城墙被村民房占用。东墙残存200米、北墙残存300米。城墙底宽8～10、顶宽5～8、残高2～3.5米。夯土筑墙，夯层厚夯层8～12厘米。城内的西南、东北部暴露有几个高大的建筑台基。地表散布建筑构件残块、陶器残片，其中有砖、板瓦、筒瓦等，还有泥质灰陶的绳

长川故城遗址全景

长川故城东墙

纹罐、水波纹盆、素面壶等。部分陶器与兴和县叭沟鲜卑墓出土的陶器相同。

该城址据常谦先生考证为北魏长川城，依《水经注》记载，"于延水"为"瀔水"（桑乾河）的支流，发源于柔玄镇西长川城南小山。考证其小山，即为城址南部的土城滩元子山。《绥远通志稿》曰："孝昌乱后，边镇悉废"。孝昌之际（535～550年）乱离尤甚，恒代而北尽为丘墟（恒州，今大同市；代郡，今代县；长川城，当时为恒州代郡北部地），涫潼之西，烟火断绝。从此，有350年历史的长川古城一时毁于孝昌之乱，成了一片废墟。

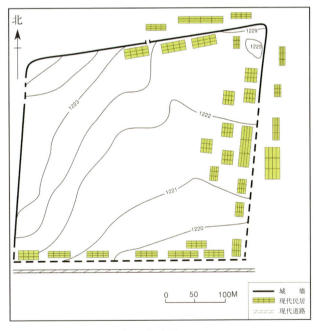

长川故城平面图

‖31‖ 四子王旗库伦图古城

撰稿：胡晓农
摄影：谢寒光

四子王旗重点文物保护单位。

位于四子王旗库伦图镇库大井村南500米处。坐落于阴山北部，内蒙古高原丘陵盆地的东北部。城的东、南、北三面紧邻低山丘，西面较开阔，北300米处有一条东西向的季节河。地处西南高、东北低，现为耕地。

城址大致呈正方形，南北长455、东西宽420米。城墙为夯土筑建，墙基宽8、残高1～3米，夯土层厚11～13厘米。城墙四角有角楼，宽约10米。北墙中部保存有城门。地表散布建筑构件的残块有板瓦、筒瓦、滴水、莲花瓦当、砖等。陶器有泥质灰陶、素面的瓮、罐、壶、盆等。遗物的特征为北魏时期。20世纪50年代，内蒙古自治区文物考古研究所张郁先生曾对乌兰花土城子古城、库伦图城卜子古城进行过调查，两座古城时代相同，前者规模大于后者，库伦图城卜子古城位于乌兰花土城子古城东北26公里处，"乌兰花土城子古城即第三镇抚冥镇"。李逸友先生认为"抚冥镇城址在今四子王旗库伦图城卜子古城"。周清澍先生认为抚冥镇城址在今察右后旗南部。李兴盛、赵杰根据《魏

书》、清《绥远通志》的记载对孝文帝巡幸各镇的过程、距离和时间作了推定，比较了上两个古城的规模建制，又与已考证出的其它北魏六镇的城址进行对比，说明了抚冥镇在北魏六镇中的地位，进一步推断乌兰花土城子古城为北魏六镇之一的抚冥镇。那么库伦图城址也可能为抚冥镇戍守的附城。

库伦图古城东墙

库伦图古城

‖32‖ 北魏长城 ——————

撰稿：苗润华
摄影：苗润华　谢寒光
绘图：丹达尔

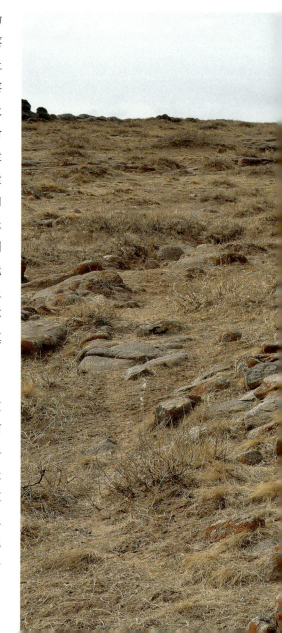

　　乌兰察布市境内的北魏长城，可分为南、北两条线。分布于丘陵起伏的乌兰察布草原腹地，墙体选择宽窄不一的草原丘陵谷地穿行，南线贯穿于商都县中部、察哈尔右翼后旗和察哈尔右翼中旗北部以及四子王旗中南部四个旗县域。商都至察哈尔右翼中旗的南线长城墙体大体作东西走向，在四子王旗中南部转作东北—西南走向；北线分布于四子王旗中南部，作外向弧线形分布，呈东北—西南走向。两条长城线的东北端点均源自乌兰察布市，中间段在四子王旗境内交汇，北线沿用了南线长城的部分墙体。分离后的墙体，大体呈并列之势西南行，双双进入包头市达尔罕茂明安联合旗东南部。北魏王朝设置六镇进而修筑长城，构成北方防御的统一体，故可将两条长城称为北魏六镇长城。

　　六镇长城南线的东北端点在商都县玻璃忽镜乡二吉淖尔村北0.3公里的丘陵南坡地上，南临二吉淖尔水泡子，东距金界壕主线1.5公里。在商都县境内经付家夭村北、头号村南、二道沟村西南、牛家村、井台村、顺城公司村、滑家村和张玉珠村北，整体作西南行；至苏集村、北渠子村中的长城墙体转西偏南行。察哈尔右翼后旗经红格尔图村南、光明村南，过平地敖包村南柏油路三岔口转西行，再经甲力汉村中、旱海子南岸、当郎忽洞村北、杨贵村北西行。察哈尔右翼中旗境内经西大脑包村北、大北村南、新建村北、格尔哈套牧点北，为东西走向。在四子王旗经天益公司村南、黄羊城村北、吉庆村北的长城墙体亦为东西走向，自岗岗吾素村中、德义村南、后坊子村北、大清河村中、苏计营盘村中、查干朝鲁和乌兰宿力牧点北、嘎顺牧点南和巴音陶勒盖牧点北的长城墙体，呈东南—西北走向；在呼舒乌苏牧点南，长城墙体顺东西向谷地行进，至前点力素忽洞村东，六镇长城北线墙体与之交汇并沿用。合并后的墙体复转西南行，在吉生太镇什卜太村西南，六镇长城北线与南线分离，南北线合并的墙体长8754米。北线墙体直西而去，南线则继

六镇长城北线-四子王旗白星图长城4段石墙体（白星图3号戍堡东侧，东南-西北）

续沿中号川地西南行，经南号村东和黄草洼村中，西南跨越塔布河，在小井壕村东北，向西南岔入另一条平缓谷地。经下滩、席边河和小沟子三村东部，作南偏西行，止于四子王旗吉生太镇小沟子村西南4.7公里处。境内全长221.2公里，长城沿线调查发现戍堡11座。

六镇长城北线的东北端点在四子王旗白音朝克图镇乌兰哈达嘎查西偏北2.7公里的丘陵草原碎石岗地上，东北距金界壕主线7.8公里。经白音朝克图镇、查干补力格苏木和吉生太镇三个乡镇，起始部分乌兰哈达长城和白星图长城作东北—西南行，在白音敖包嘎查西部进入丘陵山地后转西偏北行，于查干补力格苏木查干德兰嘎查东南复转西南行，经呼热图牧点东南、查干敖包牧点西北、乌兰淖尔特点南，至敦达吾素嘎查东南，由西偏南行转西南向行进。行经老森哈布其勒牧点东南、海日罕楚鲁嘎查，在前点力素忽洞村，遇东西向穿行于谷地中的南线长城墙体，北线借用南线墙体西南行，至吉生太

镇什卜太村西南，北线墙体向中号村方向西行，终结了对南线墙体的利用，分离点处两条长城墙体大体呈"T"字形分布。西行的北线墙体穿越中号村及其西部的南北向河槽，沿低缓的丘陵草原谷地穿行，至下达尔布盖嘎查南部转西南行，行经土脑包村中、东卜子村东、西老龙忽洞村南，止于四子王旗吉生太镇西老龙忽洞村西南0.7公里处。四子王旗境内的六镇北线长城墙体整体作外向弧线形分布，大体呈东北—西南走向。境

内墙体全长127.3公里，长城沿线调查发现戍堡17座。

1980年，陆思贤先生调查并确认了部分北魏长城段。20世纪80年代中期，高旺先生考察了包头市达尔罕茂明安联合旗希拉穆仁镇的一段北魏长城。2010年7～9月，内蒙古自治区文物考古研究所与乌兰察布市博物馆、四子王旗文物管理所组成两支北魏长城调查队，按照国家文物局长城资源调查的相关标准规范，分别对六镇长城南、北线进行了系统的科学调查；

六镇长城南线-苏计营盖长城3段墙体（东南-西北）

六镇长城北线—四子王旗白星图1号戍堡（西南—东北）

2013年3~6月，为编写《内蒙古自治区长城资源调查报告·北魏长城卷》，内蒙古文物考古研究所就相关问题又组织了三次专门复查，同时对沿线戍堡及部分戍城、镇城进行了调查与测绘。

乌兰察布市境内的六镇长城南、北线墙体，除北线四子王旗白音敖包嘎查西部低山丘陵上的一段石筑墙体外，其余均为夯筑土墙，现皆呈低矮的土垄状。保存的墙体底宽2~7、顶宽0.5~1.5、残高0.2~1.3米，夯层厚6~10厘米。墙体外侧常见有浅壕或壕的痕迹，六镇长城南线四子王旗天益公司村长城6段外壕痕迹较为明显，宽2.5米，现存壕深0.4米，表明长城为外壕内墙式结构。长城墙体常常选择丘陵间的谷地修筑，是北魏六镇长城修筑的主要特点之一。其整体特点大体可

概括为以下六种类型：穿行于宽阔谷地中的长城墙体，一般选择谷地的北缘构筑墙体，六镇长城南线商都县的苏集长城1~5段、大拉子长城及察哈尔右翼后旗的红格尔图长城1~7段，均属此种类型。分布于较窄谷地中的长城墙体，一般选择贴近谷底的边缘构筑。如六镇长城南线商都县境内的二道沟长城3段、四子王旗的巴音陶勒盖长城、小沟子长城以及六镇长城北线四子王旗的敦达吾素长城2~3段、海日罕楚鲁长城1段、南号长城2段墙体，皆具代表性。狭窄谷地中的长城墙体，一般沿谷底修筑。如六镇长城南线商都县的贡红沟长城及六镇长城北线四子王旗的白星图长城3段、南号长城2段、巴音陶勒盖长城1段墙体等等。长城墙体穿越早期形成的大、小沟谷地带时，往往选择其两侧的岔

沟穿过。六镇长城北线的敦达吾素长城1段、南号长城2段墙体，属于此类情形。选择垭口翻越山梁，垭口处的墙体常作"S"形弯曲分布。分布在四子王旗的六镇长城南线巴音陶勒盖长城及六镇长城北线的南号长城2段墙体均具有典型性。遇水面或高山，长城墙体采取环绕的方式通过。六镇长城南线四子王旗的天益公司长城2段在水泡子分布密集的水面岸边环绕穿行；巴音陶勒盖长城为环绕西侧的山脉，先选择西北行进入前点力素忽洞谷地，复再回折西南行，绕了个非常大的弧弯。

六镇长城北线新发现副墙两段，共计长400米。一段位于乌兰淖尔长城2段主墙外侧，距主墙8米，长320米；一段位于东卜子长城3段山梁垭口处主墙内侧，距主墙6米，长80米。副墙与主墙并列而行，副墙两端并不与主墙闭合。

六镇长城北线四子王旗白星图长城4段前小段为石筑墙体，长5716米。长城墙体所经地貌为基石裸露的丘陵山地，少土多石，因而就地取材，利用山地的花岗岩石块砌筑墙体。墙体现已全部坍塌，有的向坡下一面倾斜倒塌，呈低矮的石垄状。现存墙体底宽1~1.5、顶宽0.5~0.8、残高0.4~1米。

乌兰察布市境内的六镇长城南线新发现戍堡11座，其中商都县1座，察哈尔右翼后旗2座，察哈尔右翼中旗1座，四子王旗7座，其余沿线戍堡俱已湮没消失。南线戍堡均为土筑，平面多呈长方形，长边40~46、短边22~43米，门基本呈东、南或东南向。四子王旗苏计营盘2号戍堡平面呈"回"字形，德义戍堡平面呈横置的"日"字形。戍堡内不见居住址，分析当

在戍堡中搭建有毡帐之类的可移动房屋，以供戍卒居住。南线戍堡内偶见细碎的北魏陶片及金元时期的瓷片。南线戍堡均分布于长城墙体内侧，戍堡与长城墙体的直线距离在0.13~1.23公里之间，戍堡间距在3公里左右。

六镇长城北线新发现的17座戍堡，均分布于四子王旗境内，其中土筑14座，石筑3座。戍堡平面呈方形或长方形，边长18~27米，门向与六镇长城南线戍堡大体一致。北线戍堡有着自身的特点，如距离长城墙体较近，面积相对较小，并发现有石筑戍堡。石筑戍堡分布在石筑墙体的内侧，建筑布局与结构清晰，为准确把握与认识戍堡的形制及其功能提供了依据。白星图1号戍堡修筑在东西向山梁的南坡上，北依山梁脊背，南临沙河，周围裸露着凸起的花岗岩体。戍堡平面呈长方形，长27、宽23.5米。堡墙用花岗岩石块错缝砌筑，西南墙北段保存最好，墙体底宽1.9、残高1.5米。堡内四角分别筑有石砌房址一座，房址外墙依托两面堡墙体，内侧另外砌筑两面墙体而成。内墙较窄，宽0.4~0.5米。平面均呈长方形，西南角房址长3.4、宽2.2米，西北角房址长3.5、宽2.9米，东北角房址长3.3、宽2.5米，东南角房址长3、宽2.6米。堡东南墙中辟门，门宽0.8米，方向120°。门道内侧有一座长方形石砌房址，长5.8、宽1.9米，墙宽与四角房址内墙同。四角的小型石砌房址类似于内置式角楼，供戍边士兵居住，其设置功用显然较六镇长城南线戍堡有了较大进步。同时，对于解释北线土筑戍堡四角明显突起的现象提供了可靠佐证。北线戍堡基本上亦都分布在长城墙体

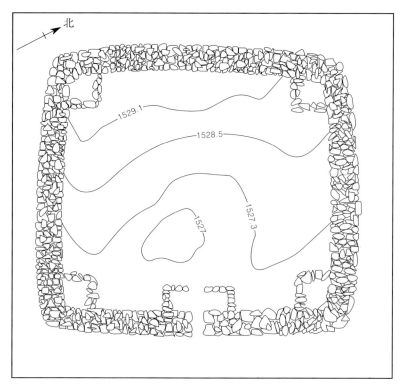

北

1529.1

1528.5

1527

1527.3

六镇长城北线–四子王旗白星图1号戍堡平面图

内侧，惟四子王旗红水泡2号戍堡在长城墙体外侧100米的缓丘之上，墙体内侧为与之对应的红水泡1号戍堡。戍堡周围为密集的水泡子，究其原因，推测为墙体内侧戍堡遭遇了水患，而改筑于墙体外侧高地上。戍堡与长城墙体的直线距离15～356米不等，戍堡间距1.7～2.7公里。

六镇长城南、北线的戍堡分布规律有着共性特征，低山丘陵海拔高的地区，戍堡设置距离往往较近；平缓开阔的草原地区，戍堡间距则相对稍远。此外，在戍堡的左近常常见有水泡子分布，应是戍堡士兵的饮用水源地。

《通典·边防第十二·蠕蠕》记载：北魏献文帝皇兴年间（467～471年），柔然犯塞，征南将军刁雍上表曰："六镇势分，倍众不斗，互相围逼，难以制之……今宜依故于六镇之北筑长城，以御北虏。虽有暂劳之勤，乃有永逸之益……宜发近州武勇四万人，及京师二万人，合六万人，为武士。于苑内立征北大将军府，选忠勇有志干者以充其选，下置官属……至八月，征北部率所镇与六镇之兵，直至碛南，扬威漠北。狄若来拒，与之决战。若其不来，然后分散其地，以筑长城。另据《魏书·高闾传》记载，孝文帝太和八年（484年）高闾上表称："今宜依故于六镇之北筑长城，以御北虏"。孝文帝"览表，具卿安边之策"。由此推断，六镇长城南线当修筑于皇兴年间，六镇长城北线修筑于太和八年。

撰稿：胡晓农
摄影：王淑萍

内蒙古自治区重点文物保护单位。

位于察哈尔右旗后旗红格图镇北约3公里处，南距旗人民政府所在地白音察干镇30公里。墓群坐落在阴山北部内蒙古高原浅山丘陵地带，墓群北侧有一列绵延20余公里的山丘，其间形成有六条南北走向的沟谷，墓群即在第三道较宽的沟谷之内，称为三道湾。墓地三面环山，南部

约2公里是沟谷的山口。墓地中的西部有一条冲沟，将墓地为东西两区，西区在缓坡上，东区为洼地。1983年7月，墓地遭到盗掘，盗掘面积6000平方米，盗挖41座墓。事件发生后，各级主管部门立即赶赴现场制止，追缴回了被盗掘文物，并对该墓地进行抢救性清理和发掘工作。共发掘墓葬23座，清理残墓25座。1984年8月，

三道湾墓葬群全景

又进行第二次考古发掘工作，发掘墓葬50座。两此发掘出土文物223件，追缴、征集文物176件。

墓群自西北向东南大致分排排列，疏密不等。墓葬，墓葬形制多为长方形竖穴土坑墓，少量为长梯形竖穴土坑墓，个别为竖穴偏洞室墓，墓口略大于墓底。各墓葬大小不等，深浅不一。最大的长210、宽80、深237厘米，最小的长140、宽60、深120厘米。整个墓地的墓葬排列十分密集，有的两墓间距仅为30厘米。所有墓葬的墓向或头向基本一致，方向西北。其葬式多为仰身直肢葬，个别为仰身曲肢葬，个别墓葬有肢骨无头骨。墓内人骨多数保存完好，以单人葬为主，双人合葬墓仅发现3例。有葬具木棺的墓葬12座，木棺底部前后有支架。经过人骨鉴定的墓有23座，其中成年男性9座，成年女性6座，未成年墓5座，双人男、女合葬墓3座，死者年龄最大55岁，最小3岁，平均年龄28～30岁。

墓地中的各墓的随葬品数量多寡不一，多者40余件，少则1～2件，个别墓葬中无任何随葬品。未经盗掘的25座墓中，有少量墓葬有殉牲习俗。有5座墓中殉有羊头骨，一般数量较少，多为1～3个，均置于人头骨上方。随葬品以铜器、铁器、珠饰为多，金器、骨器次之。铁器有剑、矛、刀等兵器和铲、斧等生产工具；金器和珠饰多为装饰品；骨器除装饰品外，还出土一定数量的弓弭、片状弧形器等。还出土有少量的铜镜、铜钱币、桦树皮器皿及皮革、丝织品残片等。随葬陶器多置于人头骨上方或侧面，少量置于脚下；珠饰多见于头部或颈部；牌饰则主要出土于腰部；坠饰除在头部两侧外，个别在腰后部与铜牌饰连在一起出土；铜环、铁环也多见于腰部；兵器、生产工具、弓弭等多葬于尸骨的侧面；铜镜多在尸骨头部出土，人骨有身无头，铜镜就置于头骨部位。三道湾墓地出土的各类陶器、铜器、铁器、骨器、料石饰件等器物，陶器以及夹砂陶为主，泥质陶次之。多为灰陶，红褐陶次之。泥质陶纹饰以素面为主，个别器物表面磨光，颈部多饰指甲纹，并有少量刻划纹和附加堆纹。制法均为手制，少量口部有轮修痕迹。火候较低且不均匀。泥质陶纹饰以素面为主，少量的器物上腹饰刻划纹和凹弦纹，均为轮制，火候较高，质地坚硬。陶器器形有夹砂罐、泥质罐、壶、杯等。铜器有饰牌、带扣、铃、泡饰、环、手镯、耳坠、戒指、串珠、"五铢"钱币、铜镜等。其饰牌种类有动物纹、网纹、盘旋纹、柿蒂纹。铜镜种类有"位至三公"、"长宜子孙"铭文柿蒂镜、"四乳四禽"镜、素面镜等。铁器有剑、矛、刀、斧、铲、镞、带扣、带銙、环等。金器有马、鹿、驼纹饰牌、带钩、耳坠、花纹饰片、泡饰等。骨器有弓弭、牌饰、管状器、纺轮、角形器等。料石饰件有绿松石、玛瑙、琥珀、水晶、料石等，制成的管状、珠状、片状、棱状、鼓状穿带饰件。此外，还有桦树皮器皿等。

根据墓地中墓葬的叠压打破关系及器形的变化，将该墓地分为早、晚两期。经与相关地区的同类墓地的葬俗、器物类比研究推断，三道湾墓地早期大致与扎赉诺尔墓群的年代相当，晚期大概略晚于扎赉诺尔墓群或早于南杨家营子墓地。其总体年代大致为东汉晚期。该墓地的文化内涵与上两个墓地最为相近。同时，经人骨鉴定三道湾墓地出土的人颅骨等大多与扎赉诺尔墓群汉代A组相同，少量与B组相同。不同于南杨家营子墓

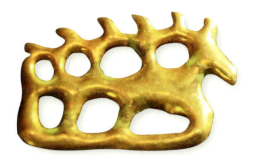

三道湾墓群出土金饰牌

三道湾墓群出土金饰牌

三道湾墓群出土金饰牌

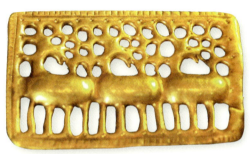

三道湾墓群出土金饰牌

地，但在陶器的特征和其它器物上有相近的因素。扎赉诺尔墓群、南杨家营子墓地是拓跋鲜卑南迁过程中的重要遗迹点。三道湾墓地，也应是拓跋鲜卑南迁至乌兰察布草原的早期拓跋鲜卑墓地。

三道湾墓地位于阴山山脉以北的一段小支脉里。这段支脉的南、西北、西部尽头即为开阔的草原，是古代游牧民族天然的牧场。阴山曾是匈奴冒顿单于的发迹之地，也是汉代匈奴设立漠南王廷的处所。据《后汉书》记载，桓帝时（147～167年）檀石槐乃立庭于"弹汗山歠仇水上"，去高柳北三百里，在阴山一带建立第一个大部落联盟，统辖中国北方的万里草原，分为东、中、西三部。据《三国志·魏志·鲜卑传》注引王沈《魏书》记载"从左北平以东至辽，东接扶余、濊貊为东部……从上谷以西至敦煌，西接乌孙为西部，二十余邑，其大人曰置鞬落罗、日律推演、宴荔游等，皆为大帅，而制属檀石槐。"西部二十余邑的五位大帅之一的"推演"，应该是拓跋鲜卑的第二推演。也就是说拓跋鲜卑部落是鲜卑族首领檀石槐以弹汗山为中心建立的大部落联盟中的较为强大一部。

‖34‖ 察哈尔右翼后旗赵家房墓葬群

撰稿：胡晓农
摄影：王淑萍

内蒙古自治区重点文物保护单位。

位于察哈尔右翼后旗红格尔图镇赵家房村南1500米处。坐落在阴山北部内蒙古高原浅山丘陵地带，在一狭长小盆地中，地势平坦。北距三道湾墓地6.5公里，东1公里是208国道。该墓葬群于1969年春天已被被当地村民挖掘，考古工作者赶到现场，做了实地调查和收集文物工作。

墓葬群的地表原有东西方向的大沙梁，沙梁长年被风吹散，大部分墓葬暴露于地表。墓群分布东西约500、南北200米。墓葬为竖穴土坑墓，部分墓有木棺，多为仰身直肢葬。头向西北。各墓的随葬品多少不一，收集有陶器、铜器、金器、铁器、玉石饰件等。陶器中的夹砂陶有红褐、黑褐罐，其中一件的罐腹上有划

赵家房墓葬群全景

画的两个人形图案。泥质灰陶有罐、铺兽衔环壶。铜器有长方形网纹饰牌、手镯、喇叭状饰件、剑把套、带扣、柿蒂形饰件、镞、"五铢"币和剪边"五铢"等，还有铜镜"长宜子孙"镜、四乳"日光"镜、重环纹鸟纹镜等。金器有鹿纹和马纹饰牌、金叶、金花、金簪等。铁器有刀、矛、剑等。玉石穿带饰件的质地有绿松石、玛瑙、琥珀、水晶、碧玉等，形状有管状、珠状、片状、鼓状等。此外，还有长条形砺石。

赵家房墓葬群出土的随葬品与三道湾墓群及二兰虎沟墓群出土器物有很多相同或相似的，如夹砂陶罐、泥质陶壶、铜镜、铜饰牌、铜饰件、金饰牌、钱币等，其文化内涵与时代基本相同，也应该是东汉晚期拓跋鲜卑部族的墓地。

赵家房墓葬群局部

‖35‖ 化德县陈武沟墓葬群

撰稿：胡晓农　包青川
摄影：胡晓农

　　位于乌兰察布市化德县德包图乡裕民村东北2公里处。墓地坐落丘陵环绕的山湾坡地上，其西南形成较为狭窄山湾口，中部有一条蜿蜒曲折的冲沟，地势为东北高西南低，地表覆盖着由山上流失下来的砂石层，厚0.4米。墓地东西宽50、南北长100米。

　　2010年6月至8月，内蒙古自治区文物考古研究所、乌兰察布市博物馆、化德县文物管理所，为配合集通铁路复线工程建设，对该墓葬群进行了抢救性考古发掘。揭露面积2500平方米，共清理墓葬15座。墓地揭露表土层后，暴露出有圆形锥状、长方形、条形石堆墓标，大小不等，并有一定的排序。墓葬开口于石头堆下，墓向西南方向，多在135°左右。其中14座墓为长方形竖穴土坑墓，1座为偏洞室墓。发掘3座有木棺墓，木棺保存较好，形状为前宽高、后窄低。其它没有木棺的墓葬是用石坂石在墓底四周砌成长方框，框高0.35～0.4米。发掘了3座小孩墓葬。葬式均为仰身直肢葬，人骨保存较差。

　　有六座墓葬无随葬品，其它墓葬出土随葬品，陶器只出土陶壶1件(口残)，金器出土项圈1件（残），大量出土铜器小

陈武沟墓葬群9号墓

陈武沟墓葬群全景

料珠饰

金项饰

陶壶

铜带钩

陶罐

件，有手镯、指环、耳环、发箍、铜铃、带扣、带饰件、饰件、"大泉五十"铜币等，铁器有环、钉等，还出土有玛瑙珠、料珠、漆器等。共出土各类随葬品180余件。这批墓葬没有发现有殉牲骨，从随葬品看，该墓地的人群是以游牧经济文化为主。从墓葬形制和出土文物分析，该墓地年代应为"定都平城"前后（4～5世纪）。陈武沟鲜卑墓地的人群，其文化属性内涵应为拓跋鲜卑文化，其人群属性可能来自北方匈奴部族，应为拓跋鲜卑"始居匈奴"故地后"匈奴余种留者尚有十万余部，皆自号鲜卑，鲜卑由此渐盛"的匈奴余落。

辽金元时期

辽代实行"以国制治契丹，以汉制待汉人"的南北分制的两套管理体系。乌兰察布地区南部属西京道（今大同市）管辖，四子王旗属倒塌岭节度使司管辖。金亡辽后，占据辽地，仍袭辽制，并在阴山北部建筑了金界壕和沿线戍守的城池边堡，以防御游牧蒙古族的南下。本地区大部分是由汪古部戍守。元朝先后灭掉了金、西夏、南宋等后，设立中书省和11个行中书省，乌兰察布地区属中书省管辖，分别属净州路、集宁路、兴和路、大同路、砂井总管府的管辖。本地区成为蒙元王朝统治中心"腹里"地区的重要组成部分。其中，净州路和集宁路是汪古部的领地之一。本地区在这一时期又经历政治、经济、文化的大发展阶段，兴建了众多的城镇，移民了中原各类手工业者。人口剧增，村落密布。设立有四通八达的驿路、驿站，形成了陆路商贸、交通的枢纽地带。多种民族云集于此，多种宗教传入。考古发现了较多的城址、村落遗址、墓葬、窖藏，出土了大批文物精品。

‖36‖ 凉城县淤泥滩古城

撰稿：胡晓农
摄影：方宏明
绘图：丹达尔

内蒙古自治区重点文物保护单位。

位于凉城县麦胡图镇金星村委会淤泥滩村内，地处岱海盆地岱海北岸的冲刷平原，地势较为平坦。南距岱海3公里。城外西侧有一条南北向的洪水冲沟，102省道东西向穿过城址内的南部。

城址呈长方形分布，南北长504、东西宽323米，面积157032平方米。坐东北面西南，方向16°。城墙底宽8、上宽约2、残高6.8米。夯筑城墙，夯层厚8～14厘米。四边城墙中间开门，各门外均设置瓮城，瓮城长40、宽30米，瓮城均开侧门。四角设有角楼，斜向外凸10、宽8米。城墙外四周设有护城壕，壕宽3～5

淤泥滩古城城墙

淤泥滩古城角楼

米，深浅不一，现存深0.5米。城址内大部分为耕地，在城北部淤泥滩村的南部分布着多处大型建筑台基。城内出土的建筑构件有布纹板瓦、筒瓦、勾纹砖等。陶器有罐、盆、人形陶砚等。瓷器有酱釉鸡腿瓶、铁锈花白釉瓷罐、三彩碟、白釉碗、白釉盘、瓷狗玩具等。铁器有犁铧。钱币有"大定通宝"、"皇宋通宝"、"咸平元宝"等。其遗物特征为辽、金、元时期。此外，在城外西部水冲沟的对岸，还发现有村落遗址，其地表遗物与城内相同。可能是该城的关厢之地。

《金史·地理志》："宣宁，辽德州昭圣军宣德县，大定八年更名，有官山、弥陀山、石绿山产碾玉砂"。屠寄《蒙兀儿史记》："宁远厅北，有地名公泉山，山中有泊曰代哈，即官山九十九泉"。《元代经略东北考》："宣宁当在官山附近"。《大明一统志》："石绿山在大同府西北故平地泉县西四十里"。据张郁先生考证，现今岱海即代哈，集宁市南平地泉即平地袤，元代曾并入丰州，置平地县。由此可推定淤泥滩古城应为辽之宣德县、金元之宣宁县所在。

‖37‖ 四子王旗净州路故城

撰稿：胡晓农

摄影：谢寒光

绘图：丹达尔

全国重点文物保护单位。

又称元代净州路古城。位于四子王旗吉生太镇糖坊卜子村城卜子村东500米处。城址坐落在阴山以北的蒙古高原的南部，在古老的西拉沐沦河上游塔布河冲击形成的河谷平原上，塔布河由东南向西北沿城址的东侧流过。城址东、

南、西三面丘陵环绕，北侧为盐碱滩地。由于塔布河的历代冲击侵蚀，对城址的东部地表破坏性较大，北、南城墙的部分和东城墙全部遗迹已无存。

该城址由大城和城西南角凸出的小城组成。大城平面呈长方形，东西长920、南北宽670米，方向335°。东墙在

净州路故城西南小城南墙

地表上已无城墙痕迹，根据钻探大概确定其位置。南墙的西段保存较好，残长198米。西墙基本保存完整，长670米。北墙东段被毁，残长600米。城墙夯土筑建，基宽8.5～9、残高1～3米。夯土层厚14～16厘米。在大城北墙距西北角100米处，现存有马面，平面呈方形，马面略高于墙体，凸出墙体11、宽9米。城址四角设有角楼，大城现存西北角角楼，平面略呈方形，高出墙体1、凸出墙体11、宽9米。城内西北部暴露有东、西并列的大型建筑基址两处，相距15米。东侧基址东西长42、南北宽32、高1.5米。西侧基址东西长28.5、南北宽21、高1米。基址的地表及周围散布有大量的砖、瓦和琉璃建筑构件。在城内的东部地表暴露有房址、灰坑遗迹。

小城平面呈长方形，沿大城的西墙南扩长200米，借大城北墙向东150米。其地势高于大城。墙体结构与大城相

同。在城的南墙和西墙各有一马面，马面高出墙体0.5～2、凸出墙体7～11、宽9～12米。在城的东南、西南角保存有两个角楼，平面呈方形，角楼高出墙体0.5、凸出墙面12、宽12米。城内的东南、西南和东北部有三处建筑基址，东南部的基址为长方形，东西长19、南北宽9米。其余两处均为方形，边长12～13米。在局部还留存有石砌基址边框。基址的地表及周围散布有大量的砖、瓦和

净州路故城小城西墙夯层

琉璃建筑构件。

在城址内地表散布遗物较为丰富，主要有建筑构件残块和陶器、瓷器残片等。建筑构件有砖、筒瓦、板瓦、滴水、兽面瓦当、龙纹瓦当、鸱吻琉璃件。陶器有盆、钵。瓷器分为粗瓷、细瓷两类，粗瓷类的器形有白釉瓷碗、钵、盘、黄釉瓷盘，白釉黑花瓷盆、器盖。细瓷类的器形有钧窑、龙泉窑瓷碗，白釉瓷盘、钵、高足杯，影青瓷盘、碟等。

20世纪50年代，自治区考古工作者曾对此城址进行过专题调查，从城址内遗迹现象看，"有南北和东西大街及交叉之小街，街道旁有建筑台基数十处，上堆大量砖瓦瓷片。"根据城内出土的"文庙儒学碑"上刻有"净州路总管府，大德十一年七月立"而推断该古城为元代净州路。《元史·地理志》载："元净州路，原金故城，太宗八年置，属西京路，后升为净州路。"《明史·地理二》载："净州路，元代直隶中书省，亦在洪武中废。"说明该城址始建于金太宗八年（1130年）前后，废弃年代在明代洪武年间（1420年）前后。

《金史·地理志》载："净州，下，刺史。大定十八年，以天山县升，为丰州支郡……北至界八十里……县一，天山。旧为榷场，大定十八年置，

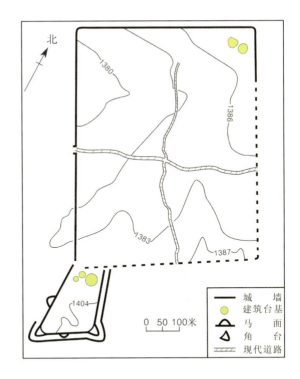

净州路故城平面图

为倚郭。"可见金代天山县旧为榷场，北距金界壕八十里。金大定十八年升县为州，所辖天山县县治仍在净州故城。该城址在金代是商贸通衢之地，也是军事防御重镇。

据马祖常《礼部尚书马公神道碑》载："雍古部族居静（净）州之天山。"汪古部自唐朝末年迁徙至内蒙古阴山以北地区，曾为金王朝守卫界壕，为成吉思汗征战乃蛮部，在灭金、攻宋的战役中屡建战功。汪古部首领先后被封王，并与元朝蒙古王室结为世代姻亲关系，成为元王朝地位显赫的一个部落，封其领地有砂井、集宁、净州、按答堡子。从文献记载看，汪古部内分为赵王家族、马氏汪古、赵氏汪古和耶律氏汪古。马氏汪古在辽亡时，被金强迁往辽东，金天会二年（1124年）在首领伯索麻也里束带领下，举族迁至阴山以北净州天山县驻牧，其后世居净州路达三百多年。

净州路是元代上都通往漠北草原鄂尔浑河畔哈拉和林的三条重要通道之一。自金元以来，这座城市在政治、经济、军事、交通、商贸等方面，在汪古部占有重要的地位。

‖38‖ 四子王旗砂井总管府城址

撰稿：胡晓农
摄影：谢寒光等
绘图：丹达尔

全国重点文物保护单位。

亦称"大庙古城"。位于四子王旗红格尔苏木红格尔嘎查西南1公里处。城址坐落在阴山以北的蒙古高原的南部丘陵地带。东临西拉沐沦河，东北部为河床滩地，西、南部为横亘的小山梁，在山坳中形成两条冲沟分别从城外的南部和北部穿过，河对岸东北1.5公里处是锡拉木伦庙，南距净州路城址40公里，西北4.5公里是金界壕。城址内的地势西南高、东北低，为坡状。城址保存较好，只是西北角小部分城墙被水冲毁。

城址平面呈长方形。东西长570、南北宽520米，方向330°。墙宽13、残高0.2～2米。城墙为夯土筑建，夯层厚12～18厘米。四边城墙的中间各设城门，门宽10米。东、北门外置瓮城，瓮城的平面呈圆弧状，凸出24、宽30米。东门处的瓮城门开向南侧，北门处瓮城门开向东侧，门宽10米。东、北墙各设有六个马面，以瓮城门的两侧等距分布，马面凸出8、宽8米。城址四角设有角楼，外凸8、宽8米。墙外设有护城壕，壕宽15米，壕的外侧堆有土楞，宽7米，残高0.2～1.5米。城内十字形街道，东西街宽80、南北

街宽70米。街道两边均用土墙分隔城区。城址地表遗物较少，多为瓷器残片。根据标本判断城址的时代应为金元时期。

从城址的坐落地理位置看，与净州路、金界壕有着紧密的关系。《金史·地理志》载："净州，下，刺史。大定十八年，以天山县升，为丰州支郡……北至界八十里……县一：天山。旧为榷场，大定十八年置，为倚郭。"又《蒙鞑备录》记："章宗筑新长城在净州之北，以唐古愓（汪古）人戍之。"王国维《金界壕考》引彭大雅《黑鞑事略》"沙井天山县北八十里，是沙井在界上也。元置砂井总管府及砂井县於此"之记载推断出该城址为沙井故城。

砂井在金代已有建置，在成吉思汗和窝阔台时期的记载中经常出现砂井这个地名。耶律楚材曾经于1227年路过砂井，并

砂井总管府城址全景

写有与友人唱和的诗，诗云："邂逅沙城识子初。""寄语少城老故人，盖以其地有界垣，故谓之沙城。"他把砂井称为沙城，可见元代的砂井故城，在金代称做沙城。宋朝使节彭大雅、徐霆曾先后出使蒙古，记其旅行见闻时说："出砂井，则四望平旷，荒芜际天，间有远山，初若崇

砂井总管府城址东墙外侧的护城壕

砂井总管府城址南墙及西拉沐沦河

砂井总管府城址西墙角楼

峻，近前则坡阜而已。"又在砂井之下注明："天山县（北）八十里"。元代文人陈旅曾指出："天山以北，皋陆衍迤，联亘乎大漠，赵王之封国在焉。" 沙城在金末是重要的边堡要塞。元代为砂井总管府，是木怜道上的重镇，同时也是汪古部赵王封国中的重要城市之一。

对于砂井总管府城址的考证有不同的意见。在该城址的西南约20公里处，有一座时代相同，规模与之相比略大的城址思腊哈达城址（亦称希拉哈达古城）。盖山林先生认为，大庙古城是元代砂井总管府的所在地，看来是值得商榷的。从古城规模看，希拉哈达古城要大于大庙古城。

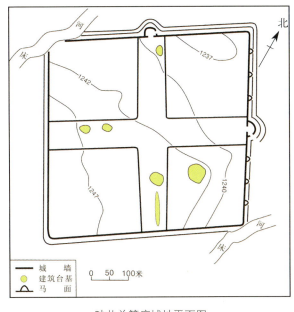

图例：
— 城　墙
○ 建筑台基
⌂ 马　面

0　50　100米

砂井总管府城址平面图

从古城布局看，希拉哈达古城更适于做官署，而大庙古城内设有四个小古城，不适于做官衙。从古城内建筑遗迹看，希拉哈达古城内有不甚高的土丘，似是建筑遗址，而大庙古城城内平夷，不像原来有较大建筑物。由以上情况推测，大庙古城可能为砂井总管府的前哨阵地，用以驻扎兵马戍守金界壕之用，是金元两代守护界壕的砂城边堡。而希拉哈达古城应为元代汪古部的砂井总管府所在地。

现在多数学者认为，大庙古城为元代砂井总管府。其依据是净州路城址的确定，与历史文献考证的吻合。在未对上两座城址进行考古发掘工作，揭露城址内的文化内涵，发现实物证据前，总是有一些存疑，亦属正常。

‖39‖ 察哈尔右翼后旗察汗不浪古城

撰稿：胡晓农　青格勒
摄影：王淑萍

内蒙古自治区重点文物保护单位。

位于察哈尔右翼后旗当郎忽洞苏木察汗不浪嘎查西南500米处。城址座落在阴山脉北麓，地处丘陵草原地带的较为平坦的盆地内，远处四面环山，城北一条小溪向东流去，并有科—乌公路线沿北墙平行而过。城址及周围为一片天然牧场。

城址大体呈长方形，坐西北向东南，方向330°。南北长660、东西630米。城墙夯土建筑，墙宽8、残高3米。东城墙有部分残断，北城墙有缺口，南城墙、西城墙保存较为完整。城的四角设有角楼。现可看出的城门，只有南城墙中间的城门，宽10余米。无瓮城。在城址外的东南角和西墙外分布着房址和灰坑遗迹，可能为当时关厢之地。

古城内分布着的建筑台基址有20多处。其中城中央一处的为最大，长方形，南北长20、东西宽10、高1～1.5米。其南端保留有石狮1对，为花岗岩石凿制。还有龟形石碑座1件，后散失。围绕中央的建筑台基，向南、向北相距15米处，各分布着4处布局成排的建筑台基，各个相距10米，各基址呈方形，边长10、高1～1.5米。在各台基的地表散布着大量的建筑

构件的残块，有砖、板瓦、筒瓦、瓦当、滴水等，还有少量琉璃构件。在城址西南部，地表暴露有较多的灰坑遗迹，并有大量陶瓷器残片。瓷器有青瓷、白瓷、钧瓷、黑釉瓷、酱釉瓷等，器形有罐、盆、盘、碗、碟等，其窑系有定窑、磁州窑、汝窑、钧窑、耀州窑、章窑等。其遗迹、遗物具有元代时期的典型特征。该城址地理位置是在元汪古部的领地范围，应为投下城，其名称建制不详。

砖

察汗不浪古城远景

察汗不浪古城全景

石狮

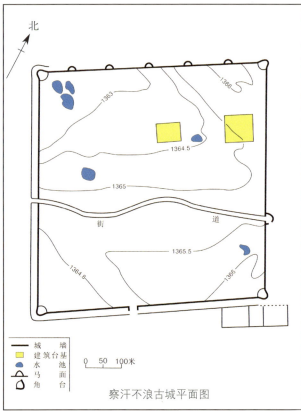

北

城　　　墙
建　筑　台　基
水　池　面　台
马　　角　　台

0　50　100米

察汗不浪古城平面图

龟形碑座

⫴40⫴ 察哈尔右翼前旗集宁路古城

撰稿：陈永志
摄影：陈永志

内蒙古自治区重点文物保护单位。

位于察哈尔右翼前旗巴音塔拉镇土城行政村北。坐落于阴山南部黄旗海盆地的东北部，其东北邻近丘陵山地。城址地势平坦，东临磨子河，北部有110国道，G6高速公路东西向在城址的中部穿过。集宁路古城遗址被列为2003年度"中国十大考古新发现"名录。

古城建于金章宗明昌三年(1192年)，原系金代集宁县，为西京路大同府抚州属邑，是蒙古草原与河北、山西等地进行商贸交易的春市场。元代初年，升为集宁路，属中书省管辖，下辖集宁一县。城内曾有皇庆元年(1312年)所立《集宁文宣王庙学碑》。

城址平面呈长方形，南北长940、东

集宁路古城考古发掘现场

集宁路古城

西宽640米。古城东、北墙保存较好，宽5～6、残高0.5～2.5米。西、南墙破坏严重，已模糊不清。东、西墙各设一门，东门位于东城墙北段，外置方形瓮城；西门设在西城墙中段，外置马蹄形瓮城。南门情况不详。在城墙的东北和西南角尚存有角楼址，城墙上不见有马面遗迹。城内道路六纵七横，将古城分为三十一个单元，城内北部正中有一大型的建筑台基，台基南部为市肆遗址，城外西侧有一条南北向的道路直通西门瓮城。城内地层堆积东浅西深，文化层厚1.5～5米；遗迹丰富，有大量的房址、灰坑(窖穴)、水井、道路、墓葬、瓮棺葬、窑、窖藏等，遗迹间叠压打破关系较为复杂。古城内现辟为耕地，地表散见大量的陶瓷片、石柱础、石臼及砖瓦等建筑构件残块。

内城正中央为一座大院落，长宽各约60米，院墙用黄土夯筑，较为宽厚，残存高度与内外城墙残高3米相近，但其墙身较外墙薄些。这座院落正中为一处建筑遗址，其旁树立有"文宣王庙学碑"一通，碑文镌刻有大德十一年加封孔子制诏，并有："至大三年正月赵王钧旨出帑币……建立大成至圣文宣王庙学碑……宣守集宁等处前民匠总管府达鲁花赤陈、断事官完、集宁总管府达鲁花赤奚剌耳……皇庆元年春正月云中检司提石匠宋德祯眷男宋钰镌"等字。

城址内的遗迹、遗物甚为丰富，近几十年来陆续出土有大量珍贵文物。1958年，配合集宁至张家口铁路工程建设，在城址的西南部进行了抢救性的考古发掘工作，发掘面积862平方米，清理墓葬

27座、窖藏多处。窖藏中发现有大量的瓷器、铁器、陶器等。在窖藏出土的一件漆器底部发现有"内府官物"等字，说明此地埋藏有元代官府的器物。1976年至1977年先后两次在内城中发现窖藏，出土有纺织品、漆器和瓷器等物，纺织品中有提花织锦被面、绣花棉袄、印金提花绫左衽长袍等珍品，在一片提花绫残片上，见有"集宁路达鲁花赤总管府"等字的墨书题记。此外，还有龙泉窑香炉、钧窑钵、双耳白瓷壶等。1984年6月乌兰察布盟文物训练班在集宁路城址进行考古调查与发掘。2002年4月至2003年11月，为了配合集—老高速公路建设，内蒙古文物考古研究所对城内高速公路建设地带进行了抢救性考古发掘，发掘面积达22045平方米，共发现房址91组、灰坑(包括窖穴)822座、灰沟110余条、水井22眼、道路9条、

清理文物窖藏现场

文物清理现场

西门瓮城遗址

集宁路古城第一层下的市肆大街

乱葬坑、出土的铁甲片

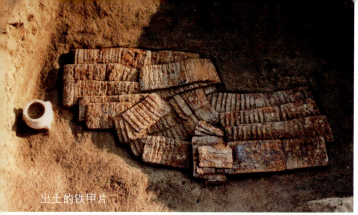

出土的铁甲片

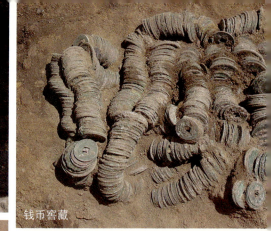

钱币窖藏

瓷瓮出土情况

器物窖藏

器物窖藏

器物窖藏

器物窖藏

器物窖藏

釉里红玉壶春瓶出土情况

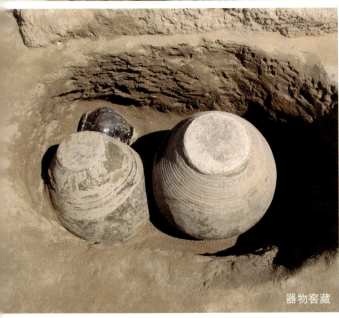

器物窖藏

器物窖藏

青花瓷器窖藏

清理的地炉

窑址23座、墓葬11座、瓮棺葬4座、窖藏34座，出土了大量不同质地的各类器物。其中完整瓷器200余件、可复原瓷器7416件、陶器877件、金银器10件、铜器351件、铁器268件、骨器456件、铜钱36849枚、其它石器、木器等各类器物2000余件。尤其使人注目的是出土的大批完整的窖藏瓷器。这些瓷器均来自中原内地，有钧窑、磁州窑、耀州窑、龙泉窑、景德镇窑等7大窑系，可以囊括当时全国名窑，且窑系之广，数量之丰，品相之精，釉彩之全令世人惊叹。这里的人们在享受着全国各地运来的珍贵物品的同时，集宁路也自然变成了蒙古高原上一个不可或缺的商贸中心。本次发掘还弄清了古城的主体布局，特别是在遗址西北部发现的南北向和东西向墙垣遗迹，对进一步深入研究集宁路古城的建筑时间、规模和经济文化生活等有着十分重要的意义。

集宁路城址在元代末和明代初期，经历了两次战争的摧残，1358年红巾军大起义，以破头潘、关先生率领的中路军由大同攻打集宁路，《明史·郭子兴、韩林儿传》记"掠大同兴和塞外诸郡"。10年之后，明朝大将徐达、常遇春率明军北上攻打集宁路，并转战攻陷元上都。该城址就此废弃。

釉里红玉壶春瓶

金簪

钧窑天蓝釉盘

鸟食罐

龙首龟身青釉砚滴

青白釉卧象座

钧窑月白釉炉

瓷佛像

红绿彩文官像

青花高足杯

龙泉窑瓷盘

龙泉窑瓷器

青花执壶

⫶41⫶ 察哈尔右翼中旗广益隆城址

撰稿：胡晓农
摄影：陈文俊
绘图：丹达尔

内蒙古自治区级重点文物保护单位。

又名"广益隆古城"。位于察哈尔右翼中旗广益隆镇南营行政村七股地自然村村北500米处。城址座落在阴山脉北麓，地处丘陵草原地带的平缓地带，亦是大黑河的发源地带。

城址内地势为西南较高，东部平缓。平面呈刀把形，分为东西两城，西城的北部外凸。坐东北面西南，方向16°。南城墙总长1100米。东城为正菱形，边长760米。西城为长方形，南墙长340、西墙长1000米，北墙和东墙北段已毁。在东城的南部边有一组"品"字型布局的建筑台基遗迹，其北部亦有一组大型的建筑台基遗迹。西城内则极少见任何遗存的暴露。此外，在东城的东墙外的关厢地带也分布有

广益隆城址

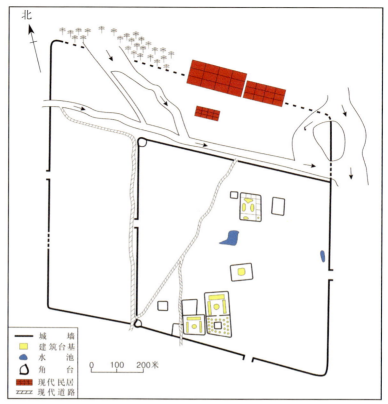

広益隆城址平面図

建築遺迹。

东城内的地表暴露大量建筑构件残块、陶器、瓷器残片。建筑构件的种类有砖、瓦当、滴水、板瓦、琉璃瓦、鸱吻等。陶器有鼎形器、罐、瓮、盆。瓷器有钧窑碗、白釉钵、白釉碗、黑釉碗、黑釉小盏等，部分器底有单字墨书。

广益隆城址位于净州路城址的南部50公里，集宁路城址的西北约60公里，砂井总管府城址的东南方约40公里。《元典章》载："砂井、集宁、静州、按大堡子四处，壬子年元籍爱不花驸马位下人户、揭照元籍相同、依旧开除。"爱不花为汪古部长，尚世主忽必烈女儿月烈公主，谥封高唐武襄王，其统领下四处城堡，现已

确定了集宁、砂井和静州（净州）三城的位置，因此这座位于鼎立的三处城址之间的古城，当属于汪古部的领地范围内。张郁推测此城"应与德宁路有一定关系"，无不道理。这座古城的规模与德宁、集宁两城相当，而又大于砂井，因此可能为路一级政权所在的城郭。在大青山后发现的元代城址中未考定城名的，只有这座城郭的规模较大。上引《元典章》记载壬子年（1252年）清查汪古部户籍时，列有按大堡子的名字，其名还见于近年集宁路遗址出土的纺织品墨书题记。笔者曾推测按大堡子即今广益隆古城，这还需要今后进一步证实。

‖42‖ 集宁区白海子土城子城址

撰稿：胡晓农
摄影：刘瑞敏

内蒙古自治区重点文物保护单位。

又称白海子东土城子古城。位于集宁区白海子镇土城子行政村，西距集宁新区10公里。城址地处阴山山脉南麓的缓丘陵地带，坐落在黄旗海盆地的北部，地势较为平坦，泉玉岭支流河道由北向南通过城址的中部。城址围绕着部分土城子村民居的和大部分的耕地，110国道由城墙西北角至城东墙中部贯穿而过。

城址平面呈方形，东西长1000、南北宽980米。夯土筑墙，基宽约5、残高约0.5米，夯层厚约10～15厘米。在城址中分布有6个建筑台基址：1号台基位于城址东北角，东西长10、南北宽10、高

白海子土城子城址全景

白海子城址南墙

石臼

西宽10、高0.5米。5号台基位于城址南部，南北长20、东西宽15、高0.8米。6号台基南北长20、东西宽15米。各台基地表暴露有素面方砖、沟纹砖、琉璃瓦、瓦当等残片。在城址中发现两口水井，J1水井位于城址北部，J2水井位于城址中北部台基西10米处。

城址内的大部分区域没有文化堆积，只在城内东北角的局部发现文化层堆积和灰坑的遗迹。从城址内的各种现象看，该城址在建设的初期，由于某种原因就已被废弃，所以城址使用痕迹不明显。依据遗迹、遗物推断，该城址为辽、金代时期的城址。

0.8米。2号台基位于城址中北部，东西长25、南北宽50、残高4米。3号台基位于城址东部，南北长50、东西宽20、高1.2米。4号台基位于城址西部南北长20、东

‖43‖ 商都县大拉子城址

撰稿：胡晓农　田少君
摄影：田少君

内蒙古自治区重点文物保护单位。

位于商都县西井子镇土城子村西南部，城址坐落在阴山北部褶皱山系的山间盆地，其南、北部为丘陵山地，东、西两面略显平坦开阔。城址的南、北两侧各有一条东西流向的季节河。商—乌公路在城北穿过。城内地势平缓。城址西南、东北角局部被洪水冲毁。

城址呈长方形分布，东西长780、南北长530米，城址内的东、西部各有一南北走向的隔墙，两隔墙分别距东、西城墙75米左右。把城分中间大两边小的三个城。城墙夯筑而成，墙基宽7、残高2～4米，夯层13～18厘米。南墙、西墙中部各设城门，外加有瓮城。城门四角设有角楼。墙外有马面，南、北墙各6个，东、西墙各4个。该城隔墙的形成可能是与南北有两条季节河，东、西墙内移加筑护城有关。城内地表散布有建筑构件和陶、瓷器残片。建筑构件有板瓦、筒瓦、砖、滴水等。陶器有灰陶盆、罐。瓷器有白釉碗、罐、盘、黑釉罐碗等。其遗物为金、元时期，盖山林《阴山汪古》认为"此城在集宁路之北，相距不远，可能是集宁路的属邑"。

大拉子城址城墙

||44|| 商都县公主城城址

撰稿：胡晓农　田少君
摄影：田少君

内蒙古自治区重点文物保护单位。

位于商都县大黑沙土镇公主城自然村，坐落于阴山东端北部褶皱山系的山间盆地，其北部为丘陵山地，东、南、西三面略显平坦开阔。城址的东侧各有一条北南流向的季节公主河。商—康公路在城外南部穿过。城内地势平缓。城址墙体保存较好，城内的中、北部被村庄所占用。

城址呈长方形，东西540、南北700米。夯土建筑，城墙宽9、残高2～4米，夯土层厚10～15厘米。城址的城墙、角楼、马面较为清晰。南城墙中间设城门，门宽10米，外置瓮城，呈方形边长25米，瓮城的东墙设城门，宽9米，在瓮城的两

公主城城址东北角

公主城城址东墙局部

侧各设等距的2个马面。西城墙未发现城门，设有等距的6个马面。北城墙未发现城门，设有等距的5个马面。东城墙北部被水冲毁，中间设城门，迹象已不清，只看清南段等距的3个马面。马面凸出城墙9、宽8米。城址内地表散布有大量的陶、瓷残片，采集陶器器形有泥质灰陶盆、罐、瓮等。瓷器有黑釉剔花罐、白釉铁锈花罐、白釉瓷盘、碗等。推断为元代时期的城址。

元王朝建立后，忽必烈于中统三年（1262年）设置隆兴府。中统四年（1263年），改升为隆兴路。今商都地区归隆兴路所辖。皇庆元年（1312年），隆兴路改为兴和路，该地区仍为兴和路辖地。此时，境内有"木怜"驿站穿行而过，该城

公主城城址西墙局部

址建制规模较大，应为"木怜"道上的重镇。此城的名称来源于传说，清代康熙年间，蒙古王阿捏公族公主被赐封此地，修筑了该城，故名"公主城"。此城可能为元代所建，清代沿用并重新修缮。

‖45‖ 察哈尔右翼后旗曹不罕城址

撰稿：胡晓农
摄影：王淑萍

察哈尔右翼后旗重点文物保护单位。

位于贲红镇曹不罕村北，坐落于阴山北部内蒙古高原的丘陵环绕的盆地中。北约1公里为石门口水库，东150米处是石门口河，东、南、西部均为开阔的耕地。城址地势南高北低，城墙保存较差。

城址座北朝南，呈长方形，东西长约530、南北宽约356米，面积约188778平方米。夯土筑墙，墙宽8、残高1.6米，夯土层厚15～20厘米。在西墙由北向南70米处有宽约20米的缺口，疑为城门。城址四角设有角楼。城址内地表散布有陶器、瓷器残片，陶器有泥质灰陶罐、盆、瓮等，瓷器有酱釉瓷瓮、白瓷罐、碗、盘等。从城址遗迹、遗物看属金元时期的古城。

曹不罕城址南墙

曹不罕城址

‖46‖ 察哈尔右翼后旗韩元店城址

撰稿：胡晓农
摄影：王淑萍
绘图：丹达尔

察哈尔右翼后旗重点文物保护单位。

位于察哈尔右翼后旗红格尔图镇韩元店村内，坐落于阴山北部内蒙古高原的丘陵环绕的小盆地北部。坐北向南，地势较为平缓，城址部分保存较为完整。2000年5～8月，内蒙古自治区文物考古所、察哈尔右翼后旗文物管理所，为配合208国道公路工程建设，对该城址进行了抢救性考古发掘。208国道线从城址的西墙北部斜穿而过。考古发掘对西墙中部、西墙与北墙交界处分别做了解剖，同时在城址内中、北部遗迹的密集区布发掘探方进行了揭露。总发掘面积700多平方米，清理窖穴40余座，出土了一批陶器、瓷器和钱币。

城址呈长方形，东西长382、南北

韩元店城址城墙

韩元店城址城墙局部

韩元店城址平面图

宽250米。东城墙在的村内大部分被毁坏，东墙南段有约2～3米残存，残高约2米。南、西、北城墙保存较为完整，城墙基宽7.6、残高约1.5米。夯土层厚10～20厘米。城墙外设有壕沟，宽4.3、深0.85米。东、西墙正中各有一门。城内的遗迹主要分布于中、北部，文化层厚0.25～1.8米。发掘遗迹主要为窖穴，有圆形筒状、袋状，口径120～116、深74～148厘米。出土遗物有陶器、瓷器、铁器、骨器、钱币。陶器有泥质灰陶盆、罐、纺轮等。瓷器有大量的粗白瓷碗、盘、细白瓷钵、盒、黄绿釉盏、黑釉器盖等。铁器有犁铧等。骨器有笄。钱币多为宋钱，少量为唐、五代钱币。此外，在窖穴中还出土了较多的动物骨骼，动物种类有骆驼、牛、羊和狗等，其中羊骨最多，狗骨其次。城址内出土的大量粗白瓷普遍有支钉痕，挖足过肩，器底不整齐，应为山西浑源窑系。在发掘区内发现了大量的窖穴，可能与元代重农屯田的措施有关。该城址为元代古城，为军事要塞，同时也是屯田储粮的基地。

‖47‖ 凉城县干草忽洞城址

撰稿：胡晓农
摄影：方宏明

凉城县重点文物保护单位。

位于凉城县天成乡干草忽洞村东北1.5公里处，坐落于岱海盆地东部的浅丘陵山地带，三面环山，所处的地势为缓坡地，北高南低。东500米为黑桃山，西为大山，城址内为耕地。

城址呈正方形分布，处于的缓坡，边长为90米，基本面积8100平方米。墙体为夯土筑建，基宽12、顶宽1~3、残高3~6米。城址南部中间设一城门，宽8米。地表散布有砖、筒瓦、牛腿瓶、白釉瓷碗等残片。从该城址的遗迹、遗物分析，应为金、元时期的古城。

干草忽洞城址

‖48‖ 商都县西坊子城址

撰稿：胡晓农
摄影：田少君

位于商都县七台镇土城子村北侧，坐落于阴山北部浅丘陵地带，在冲积形成的川地上，地势西高东低呈慢坡状。城址东部被干河冲毁。

城址平面呈长方形分布，东城墙大部已毁，其余城墙痕迹清晰可辨。南北长570、东西宽550米。城墙宽8、残高1~1.8米。现存有南门，外设有瓮城。城墙上设置有马面和角楼。在城内东部分布有明显的房屋建筑痕迹。城址地表暴露有大量的陶罐、盆、白瓷盘、碗、罐残片等，还有建筑构件板瓦、筒瓦等。根据遗迹、遗物推断该城址为金、元时期的古城。

西坊子城址局部

‖49‖ 四子王旗波罗板升城址

撰稿：胡晓农
摄影：谢寒光
绘图：丹达尔

四子王旗重点文物保护单位。

位于四子王旗东八号乡古城南村北，坐落于阴山北部塔布河流域的冲积河谷小平原上。西侧是一道南北向的丘陵山梁，东侧为南北流向的塔布河。城址外的南部为村庄，城内及其它周围为耕地。

城址坐北朝南，地势略显平坦，由外城和内城组成，呈"回"字形。外城呈长方形，南北长814、东西宽656米。城墙为夯土筑建，城墙宽10、残高3～5米，夯土层厚15～20厘米。四角外侧突出有圆形的角楼，直径约10米。东、西城墙上各设8个马面，北城墙有7个马面，南城墙有6个马面。东、南、西墙的中部各设有城门，并外筑有瓮城。内城位于外城内的北部的中间，距外城北墙80米。平面呈正方形，南北294、东西284米，墙基宽5、残高2米。东、南、西墙中部均设有城门，南门现已损毁。内城中部有一处大型的建筑台基，南北长约50、东西宽30、高1～2米，此建筑台基可能为官署或寺庙遗址。现在城内的

波罗板升城址全景

波罗板升城址东墙北端外侧

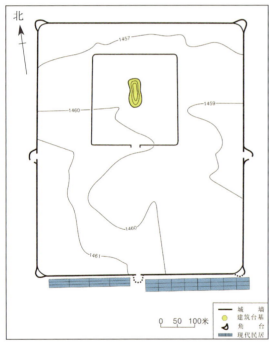

北

波罗板升城址平面图

城　墙
建筑台基
角　台
现代民居

0　50　100米

地表遗迹显现极少，在外城的南半部，地表散布着建筑构件残块，有兽面瓦当、琉璃龙纹瓦当、莲花纹瓦当、琉璃龙纹滴水、重唇板瓦沿、琉璃鸟形建筑构件等。在城址内的地表还散布有耀州窑系、磁州窑系、地方民窑系的各类瓷器残片，器形有碗、盘、罐、钵、缸、

瓮等。此外，还出土较多的文物，有铜牛、钧窑瓷碗、三系白釉瓷壶、压胜钱等。从该城址的遗迹、遗物判断，应为为金、元时期的古城。

从城址的规模建制看，波罗板升城址应是一座元代重要古城。在城址的东南2公里处，与其隔河相望的山梁上，分布着元代王墓梁墓群，呈方形分布，边长75米，四角有石柱，内有龟跌墓碑、翁仲、石羊、石猪、石狮、石供桌、景教墓顶石等。1973年内蒙古文物考古队发掘21座墓葬，有砖室墓和竖穴土坑墓，内置木棺。出土随葬品有顾姑冠、海兽葡萄纹铜镜、金耳坠、桦树皮鞋垫等。20世纪初，在该墓地发现耶律公神道碑，记述了耶律氏首领生前曾"管领也里可温"，还提到了一座景教寺，"□为漏门，其高□尺，旁施十二门，以象十二时，燃烛于寺中"。该城址与墓地应有紧密的联系，这座建筑宏伟的景教寺，可能就建筑在波罗板升城址中。该城址和墓地应为汪古部内的世家大族的四个系统之一的耶律氏汪古。

‖50‖ 四子王旗贡胡洞城址

撰稿：胡晓农
摄影：谢寒光

四子王旗重点文物保护单位。

位于四子王旗查干补力格苏木格日勒托亚嘎查贡胡洞牧点内，坐落于内蒙古高原的浅丘陵荒漠草原地带。地势略显平坦，城外东北部有一条干枯的冲击河滩。一条草原自然路由西北向东南从城中穿过。其北37公里处有金界壕。

城址呈正方形，保存较好，边长约为180米，面积32400平方米。城墙为夯土筑建，城墙宽5、残高0.5~1米。南墙中部设有城门，门宽约12米。城四角设有外凸的角楼，宽8、残高1~1.2米。城墙四周有护城壕两重，壕宽约5米。城内地表散布有陶、瓷器残片，陶器有泥质灰盆、罐，瓷器有白釉瓷碗、盘、罐、粗瓷黑釉瓮等。根据该城的建制、遗迹、遗物判断，此城为金、元时期的边堡障城。

贡胡洞城址东墙

贡胡洞城址

‖51‖ 四子王旗戈壁河城址

撰稿：胡晓农
摄影：谢寒光

四子王旗重点文物保护单位。

位于四子王旗白音朝克图镇白音敖包嘎查戈壁河牧点内，坐落于内蒙古高原的丘陵荒漠的草原地带。在西高东低的缓坡地上，东侧为一条南北向的季节河，南侧为草滩地，西侧有一条南北向草原土路，北侧为戈壁草原。北距金界壕17公里。

城址平面呈方形，边长170米，面积为28900平方米。城址东南角被河水冲毁，大部分的城墙损毁严重。城墙为夯土筑建，墙宽8、残高0.5~1米。南、北两墙中部均设有城门，宽9米。城墙外侧有护城壕，壕宽8米。地表散布有陶、瓷器残片。陶器有泥质灰盆、罐，瓷器有白釉瓷碗、盘、罐、粗瓷黑釉瓮等。从遗迹、遗物判断，此城为金、元时期的边堡障城。

戈壁河城址南墙

戈壁河城址

‖52‖ 四子王旗哈达哈少城址 ——

撰稿：胡晓农
摄影：谢寒光

四子王旗重点文物保护单位。

位于四子王旗查干补力格苏木白音乌拉嘎查东南牧点内，坐落于内蒙古高原的丘陵荒漠草原地带。周围丘陵环绕，在一条南北向的干枯河床西岸的冲积滩地上。北距金界壕12公里。

城址坐西北向东南，方向137度。平面呈正方形，南墙长565、西墙长569米。面积约321400平方米。城墙为夯土筑建，城墙宽15米、残高1.5～4米。东南墙、西南墙的中部设有城门，门宽10米，门外均筑有瓮城，瓮城呈方形，边长35米。四面墙体设有马面，马面间距约为50～60米。城四角设有凸出的角

磨盘

楼，长6、残高3米。城外侧均有护城壕，壕宽8米。城内地表散布有陶、瓷器残片和小石磨。陶器有泥质灰盆、罐，瓷器有白釉瓷碗、盘、罐、粗瓷黑釉瓮等。根据该城的建制、遗迹、遗物判断，此城为金、元时期的边堡障城。

哈达哈少城址南墙

哈达哈少城址

‖53‖ 四子王旗思腊哈达城址

撰稿：胡晓农
摄影：谢寒光
绘图：丹达尔

四子王旗重点文物保护单位。

亦称希拉哈达古城。位于四子王旗红格尔苏木罕忽拉嘎查打忽拉村西8公里处，坐落于内蒙古高原的丘陵荒漠的草原地带，在一个南北均为东西向丘陵坡地的狭窄的平滩内。东侧地形较为平坦，南侧有一条东西向的季节河，西南侧约1公里处有思腊哈达庙址。北距金界壕12公里。

城址平面呈正方形，边长580米，方向164°，面积为336400平方米。保存较

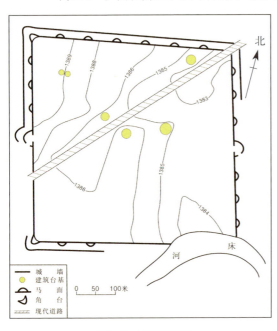

思腊哈达城址平面图

好，南墙的东段被河流冲毁。城墙为夯土筑建，城墙宽8、残高1～4米，东、南、西城墙的中部均设有城门，外施瓮城，呈圆弧状，凸出30、宽30米。城址四角外侧设有角楼，长10米。四面墙体各设有六个等距离的马面。城墙外侧有护城壕，壕宽10米。城内地表散布有陶、瓷器残片。陶器有泥质灰盆、罐，瓷器有白釉瓷碗、盘、罐、粗瓷黑釉瓮等。从遗迹、遗物判断，此城为金、元时期的古城。

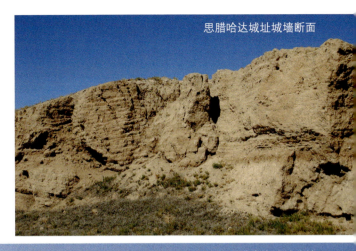

思腊哈达城址城墙断面

思腊哈达城址北墙

‖54‖ 四子王旗白星图城址

撰稿：胡晓农
摄影：谢寒光

四子王旗重点文物保护单位。

位于四子王旗白音朝克图镇山丹嘎查白星图牧点内，坐落于内蒙古高原的丘陵荒漠的草原地带，在丘陵环绕的盆地草原的积芨滩内。城址周围地貌平坦广阔。东侧约1公里有通往乌兰哈达的公路。北距金界壕8公里。

城址大致呈正方形，边长564米，方向164°，面积为31800平方米。保存较好。城墙为夯土筑建，城墙宽12、残高2～3.5米，城四角设有外凸的角楼，角楼长8米。四面城墙各设有六个马面。东、南、北墙中部有城门，城门宽8米，南、北门外设建有瓮城，呈圆弧状，凸出25、宽28米。东门是否有瓮城，遗迹不明。城址中部有一大型的建筑基址，东西长40、南北宽30米，基址上散布有砖、瓦等建筑构件。城内地表散布有陶、瓷器残片。陶器有泥质灰盆、罐，瓷器有白釉瓷碗、盘、罐、粗瓷黑釉瓮等。从遗迹、遗物判断，此城为金、元时期的边堡障城。

白星图城址

白星图城址城墙

‖55‖ 金界壕 ———

撰稿：李恩瑞　张晓红　丹达尔
摄影：李艳阳

全国重点文物保护单位。

又称金长城、兀术长城，蒙古语称"和日木"，意为"墙"。金界壕是规模宏大的古代军事防御工程，其功能为"掘地为沟堑以限戎马之足"（《元史·速不台传》），主要抗阻其北部游牧的蒙古各部落。

金界壕一般修建于山麓或较平缓的川地上，构筑别具一格，掘壕时将土堆积在内侧修筑长墙，外侧形成又宽又深的壕堑。防御体系主体由外壕、主墙、内壕、副墙组成。针对蒙古铁骑善于驰骋、越障、疾速猛冲的特点，为了有效地削弱骑兵的战斗力，在界壕内侧每隔60～80米的距离，修筑一座马面，有士兵戍守、瞭望。此外，在界壕的内侧还会修筑大小不一的矩形边堡，间隔距离100～5000米不等，边堡内可屯住少量的士兵和武器装备。

《金史·仆散揆传》记载："揆升西南路招讨使，沿缴筑垒穿堑，连亘九百里，营栅相望，烽堠相应，人得恣田牧，北边遂宁。召拜参知政事。"乌兰察布市境内的金界壕在金代属西南路管领，金章宗明昌、承安年间，曾在重要地段增筑内壕、副墙，墙体夯筑。全境现存界壕遗迹

多为单墙单壕结构，马面筑于界壕内侧，且有一定数量的边堡。壕堑宽2～12、深0.5～1.0米；墙体剖面呈梯形，基宽顶

窄，由黄砂土或黄沙土夹沙石夯筑而成，底宽7～15、顶宽2～10、残高0.2～2米。边堡平面均为矩形，以界壕墙体作为北墙，堡门位于南墙之上，东、南、西三面围墙剖面呈梯形，基宽顶窄，由黄沙土夹碎石夯筑而成，底宽1～7、顶宽0.8～4、残高0.5～1.5米；面积大小不等，最小的为72×75米，最大为400×400米；堡内未发现其他遗迹。

金界壕自河北省进入乌兰察布市境内，自东向西分布于化德县、商都县、察哈尔右翼后旗、四子王旗，全线分支较多，总长约447公里。界壕沿线所经旗县地处内蒙古高原中部，阴山北麓，地势高山、川地、平原相间，丘陵沟壑交错，北部有沙丘、盆地，为荒漠草原，地势较平坦。

金界壕主线自康保县进入乌兰察布市化德县，东起朝阳镇东卫村，穿越该镇的特布乌拉、南林、四台房子、白土卜子、昔尼勿素等村，再贯入公腊忽洞乡农建村后，进入商都县境内；向西北穿越卯都乡卯都村、清水泉村、大库伦乡的滑家村、十二顷村、西井子乡大井子村、陈家村、格化司台村等进入察哈尔右翼后旗境内；向西穿越土牧尔台镇大青沟村，再进入锡林郭勒盟苏尼特右旗朱日和镇全胜村，又

乌兰察布境内金界壕

由八号地乡进入该旗境内，贯穿金坝地村和赛胡洞村进入四子王旗境内。

金界壕主线北线在商都县东北接锡林郭勒盟镶黄旗界壕后，向西南穿越大库伦乡的库仑图村和八股地村，与主线界壕交会在十二顷村境内。大体呈东北—西南走向。

四子王旗境内的金界壕岭南线及主线东南接化德县境内的界壕后，向西北穿过白音朝克图镇异克乌苏、乌吉庙、滚哈布其勒、希滕海、塔格拉斯太、达布苏、新尼淖尔、西伯图、乌尼格图、南营子等嘎查村，在南营子村境内与漠南线交会。岭南线到此地终止。大体呈东南—西北走向。接着主线向西南方向拐，与漠南线界壕一直并行，穿过查干补力格苏木哈尔淖尔、苏木达尔布盖、白音补力格、补力太等嘎查；继续西南方向贯穿红格尔苏木敖加勒格、哈日淖尔、乌兰花、温浩尔、呼和额热格、哈丹和日木、额门古力本赛罕、后萨音吾素、赛日、巴润包格代等

金界壕商都县滑家村段

嘎查，进入到包头市达尔罕茂明安联合旗境内。大体呈东北—西南走向。主线界壕自异克乌苏嘎查至南哈尔淖尔嘎查一直与岭南线界壕并行，主线界壕修筑在岭南线界壕的内侧，从始至终一直与主线并列前行，只是两条界壕间的距离时远时近，且时断时续。

四子王旗境内的金界壕漠南线东北接锡林郭勒盟苏尼特右旗界壕后，向西南穿过白音朝克图镇哈日诺尔、赛音呼都格、滚呼都格等嘎查后在哈尔淖尔嘎查境内与主线交会。

《金史》记载从金太宗天会年间（1123年）开始修建界壕，直到金章宗承安三年（1198年）前后才最终成形，历时七十余年。

金界壕所采用的依势而建、多重屏障的构筑方式以及边堡与界壕相倚而立的防御布局，为研究中国古代军事史提供了重要史料。

‖56‖ 察哈尔右翼前旗豪欠营辽墓

撰稿：李春雷

位于察哈尔右翼前旗原固尔班公社豪欠营大队湾子山，东北距集宁市二十余公里，东南距土贵乌拉镇三十五公里。墓群占地南北长210、东西宽120米。经过钻探，发现墓群包含十座古墓葬，其中有七座已经被破坏。1981年10月，内蒙古文物工作队、乌兰察布盟文物对尚未被破坏的第二、三、六号墓葬进行了考古发掘。1983年，对已经被破坏的七座墓葬也进行了发掘，其中以六号墓的考古发掘较为重要。

六号墓为石室墓，东向，由墓道、墓门、甬道、墓室四部分构成。墓道为斜坡式，长7.4、宽1.1米，东端有不规则台阶。甬道长2.16、宽0.97、高1.8米。甬

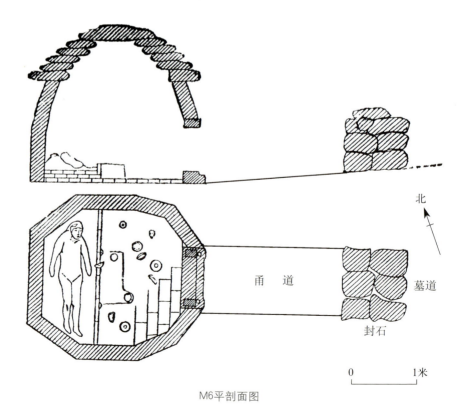

M6平剖面图

道口以封门石封堵。墓门为双扇式，向东开启，高0.7、宽0.63米，有门枢，仍可转动。

墓室平面略呈不规则八角形，结构为石券叠涩攒尖式，南北2.12、东西2.2米，墓底至顶高2.26米，地面均以长37、宽18、厚6厘米的沟纹砖铺砌。室内后部砌尸床，尸床平面略呈东长西短的梯形，在尸床上放置一具完整女尸。女尸无棺椁，尸体直接卧于尸床上。出土时，尸体仰身侧卧，头北脚南，左手在下，平放于胯前尸床上。右手在上，贴于臀部一侧。面部正对墓门。女尸身穿的丝绸衣物层次较多，但没有一件完整的衣物。通过衣物残片可知，女尸身穿的衣物由外及内有绣花丝绵外衣、绛紫色丝绵长袍、中黄色丝绵长袍、黄色丝绵短袄、轻罗短衫、绢短衫、绢裙、棕色丝绵背心、衣领、绛紫色罗地夹手套、丝绵软靴、腰带等。揭去丝织物后，包裹好的尸体外面着一身铜丝编制的网络。网络是根据人体各部位的形态分部编制的，由头网络、胸背网、左右臂网、左右腿网、左右手套网、左右脚套网组合而成。面部还戴有鎏金铜面具。除尸体和葬具外，墓室内还出土了较多的随葬品，有瓜棱式白瓷注子2件、白瓷碗1件、白瓷盘4件、白瓷碟5件、玉柄铜刀和刀形器各1件，共插于1个鞘内，佩于女尸左侧腰部，玉环2件、木质刀鞘1件、残朽木桌1件、漆盘2件。

根据墓葬的形制、葬具、出土遗物，可以判断，豪欠营六号辽墓为一座辽代中晚期的契丹贵族墓葬。墓中出土保存完整的女尸以及共出的铜丝网络、金属面具，反映了契丹贵族流行的特殊葬俗。由于契丹尸体保存的完整，出土时肌肉尚有弹性，也为医学、体质人类学的研究提供了极为珍贵的实物材料。

白釉提梁壶

铜丝网络图

契丹女尸出土情况

‖57‖ 卓资县忽洞坝墓葬

撰稿：胡晓农
摄影：孙国平

卓资县重点文物保护单位。

位于卓资县旗下营镇四道沟行政村忽洞坝村南50米处，坐落于阴山山脉东段南麓的丘陵地带。

该墓地丘陵环绕，南部的一条溪流向东北方向流入大黑河。墓地地势呈北高南低的缓坡状，在其东南部的冲沟沿边，冲毁一石室墓葬，墓底铺砖，形制不详。出土有金器、银器、铜器、铁器、陶器、骨器、石器、象牙器、料珠、玛瑙珠等，计150多件。种类有金耳环、银筲箩、银杯、银碗托、三角马鞍饰件、铜马具、铜铃、"丁"字形铜仗头、骨板、象牙算筹、石镇尺、铁锁、铁剑、铁马嚼、铁斧、料珠、玛瑙珠等。根据出土遗物判断为辽代墓葬。

忽洞坝墓葬局部

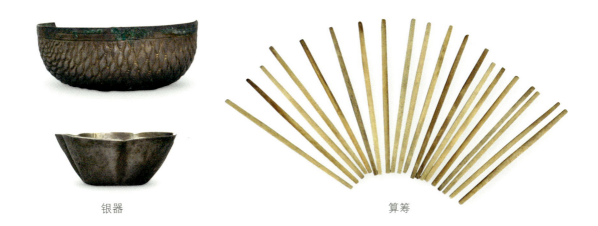

银器　　　　　　　　　　算筹

忽洞坝墓葬全景

明清时期

　　明代初期，明军向北征战，元朝政权北遁大漠，史称"北元"。战后明朝废除了元朝以来的州制，建立了一系列军事行政建制，在北方草原上形成了明朝与蒙古部落长期对峙的局面。明朝的防线南移至凉城县、丰镇市、兴和县一线，开始设置边镇，修筑长城。在本地区设置的主要军事机构是卫、所。之后，由于战乱，人口向南迁徙，城池、村落废弃，土地荒芜。明长城以北大部地区已被废为边外之地。在俺达汗统一漠南蒙古各部后，与明朝修好，以"归化"（今呼和浩特市）为统治中心，惠及于本地区经济的恢复，开发为半农半牧区。清朝建立后，以4部6旗组成盟旗制，赐驻牧于阴山北麓，会盟于四子王旗境内，于是有了"乌兰察布盟"的称谓，直隶理藩院，由绥远城将军衙署节制管辖。康熙十四年（1675年），张家口、宣化、大同边外地按满洲八旗制编为察哈尔左、右两翼的蒙八旗。右翼正黄、正红、镶红、镶蓝四个旗分布在今乌兰察布境内的东南部。这一时期本地区的政治、经济、文化又经历了衰落和逐渐恢复阶段。

⫼58⫼ 凉城县堡子滩城址

撰稿：胡晓农
摄影：方宏明

凉城县重点文物保护单位。

位于凉城县六苏木镇刘家夭村委会堡子滩村内，坐落于马头山山脉的丘陵地带，城址周边地势较为平坦。北侧一条东西走向的乡间小道。

城址大体呈方形分布，东西长87、南北宽8米，面积7047平方米。城墙保存较好，夯土筑建，墙基宽8～9、顶宽2、残高2.5～3米，夯层厚12～14厘米。四角设有角楼，东墙中部开门。在西部城墙外曾出土大量青砖和瓷器等。从此城的建制和遗迹、遗物看，该城为明代边堡城址。

堡子滩城址

堡子滩城址东南角

‖ 59 ‖ 凉城县土城城址

撰稿：胡晓农
摄影：方宏明

凉城县重点文物保护单位。

位于凉城县天成乡土城村委会村内，坐落于岱海南岸浅丘陵山地带，所处地势较为平坦。北侧是一条宽200余米的河沟，南200米是天岱公路，北距岱海3.5公里。西北3公里是明长城的次边。

城址呈正方形，边长150米，面积22500平方米。城墙为夯土筑建。西墙较为完整，残高1～1.5米。北墙仅存18米，残高1～1.8米。城墙基宽8米，顶宽1～3米，夯土层厚0.15～20厘米。城内地表散布有筒瓦、绳纹砖、陶豆、褐黄釉瓷罐、白釉碗等残片。根据遗迹、遗物分析，根据该城址应为明代边堡城址。城内有汉代遗物，可能也是汉代的村落遗址。

土城城址

‖60‖ 明长城

撰稿：李恩瑞　张晓红
摄影：李恩瑞　马登云　张升华

　　乌兰察布市境内的明长城共有两道，主要是大边，属山西镇管领；在其南面还分布有另一道明长城，称为二边或次边，北距大边2～50公里。这里主要介绍明长城大边。

　　明长城大边自东向西分布于兴和县、丰镇市、凉城县。长城基本为东北—西南走向，全长约230公里。沿途地形变化多端，丘陵起伏，沟壑纵横，多高山深沟，山势陡峭，风力较大。这一区域为内蒙古高原南部边缘，深居内陆，地处中温带，属大陆性季风气候，四季特征明显。海拔多在1000～1800米之间。地貌呈沙地、草地等典型温带特点。长城一线即为400毫米等降水量线，不同地区降水稍有不同。

　　大边起自兴和县店子镇南口村西北1.8公里处的一座敌台，属于明长城二边长城墙体上的本体设施，为明长城二边和大边相接之处。长城自此向西南延伸，越山峦、跨沟壑，蜿蜒于山脊之上，至五台山向西北急折，抵头道边村，在此又折向西南，经牧厂沟村、双墩梁村、山岔沟村，沿葛胡窑村南，过苏木山折向西北，经三道边村，直奔平顶山而上，沿兴和—丰镇县界向西北延伸，沿途经过丰镇市的朱宏窑村、平顶山村、郭家坡村，再向西

北越过狼头山，进入丰镇市境内；墙体进入丰镇市，沿平顶山兴丰县界，顺山势而上，抵浑源窑乡东南猫头山顶；沿朱宏窑村东北、后窑村东北、郭家坡村北、十二号村东南、老虎沟村南、兰家沟村北，攀越于山岭之间；过双台山进入一段丘陵低山地区，穿过隆盛庄镇，至西沟村改为折向西南；过双台子山、牛青山、油篓山、翻山岭、越沟谷，抵壕堑村，过尖山，经

兴盛村、东边墙村、西边墙村进入凉城县境内；墙体自丰镇市进入天成乡，经十一号村、十三号村、七号村、安家营子村，至干草忽洞村沿岱海南岸的高山坡地向西南经东沙梁村，蜿蜒于王墓山端；跨步量河，沿二甲地村南、马圈沟村南、牛路沟村西进入丘陵地区，经毛家窑村、前窑子村、大五号村、前六号村、牛心窑村、旧双古城乡、郭丁窑子村、后圪针沟村，过

明长城大边丰镇市二十二号村段

雷劈山，跨浑河，沿二道边村西北进入和林格尔县。

此外，在兴和县与山西省天镇县交界处的镇门堡东北4公里处的明长城二边墙体上，在一座被当地人称为"韭菜疙瘩"的山顶上还有一道明代早期修筑的长城墙体，从大边长城墙体分出，向北延伸，沿途人烟稀少，只有在墙体中部西侧不远处有一村庄——不列窑村。长城墙体均为就地取材，或毛石干垒，或土石混筑，大约经行8.5公里以后，与兴和县头道边村长城3段墙体相接，相接处为头道边村5号敌台。另在丰镇市长城墙体向南也分出一道支线，基本呈东—西走向，自忻堡村西南向西延伸，沿途经过黑土台村、常山圪二号村、毛毛口村、山西村、缸方窑村、榆柏沟村，在山岩村西南1.30公里处与晋蒙交界处的明长城大边相接，相接处有一座石碑，为内蒙古与山西两省的第18号省界碑。本段支线基本位于丰镇平原地带，地势较为缓和，多为黄土夯筑而成，较少石块垒砌。

大边墙体类别主要有土墙和石墙两

种。土墙全部为夯土墙，残高0.3～3米、底宽1.5～6米，黄土或黑褐土夯筑，夯层厚0.1～0.15米，夯土内夹杂有碎石、草秸等杂物，既有自然基础，也有人工基础。石墙有毛石干垒和土石混筑两种结构，保存较土墙差，高度在0.5～1.8米之间，石墙宽1～3.3米。

明长城大边的防御系统除修筑墙体之外，还在墙体之上及沿线两侧筑有敌台与烽火台等相关附属设施。敌台均骑墙而建，一般形制为剖面呈梯形、平面呈矩形，由于坍塌破坏，现存外观有覆斗形、覆钵形、圆锥状、土丘状以及不规则形等等。按内部结构可分为实心和空心两种，以实心居多，空心敌台只在丰镇市发现1座。空心敌台的内部有通道，由底部一侧进入，自下而上通至敌台顶部，通道一般宽1米左右，比较陡直，上下依靠掏挖在内壁上的脚窝；敌台的构筑材料主要是就地取材的黄土、灰土、褐土、沙土等，夯筑，夯层厚0.1～0.3米。

明长城大边沿线的烽火台多建在山

顶、沟谷两侧视野开阔的地方，有的在长城以南，有的在长城以北，乌兰察布市境内的大边沿线以墙体南侧者居多。根据烽火台的平面形制，可分为两种，平面呈矩形和平面呈圆形。平面呈矩形的烽火台占绝大多数，平面呈圆形的烽火台较少。烽火台大多为黄土夯筑，偶尔发现其周围散落有大量的砖、瓦、石块等建筑残件，说明烽火台原有外包砖石。烽火台距离长城

墙体比较近，最近的不到10米，大部分距离长城墙体200～400米不等。部分烽火台筑有台基，台墩位于台基顶部中央，四周缘边筑有围墙，在南墙或东墙开门，平面形制与台基的平面形制相同。

自明朝开国以来，与北元政权的战事就一直不断，北部边防始终是重点，《明史·兵志三》载"元人北归，屡谋兴复。永乐迁都北平，三面近塞，正统以后，敌

患日多。故终明之世，边防甚重"。为了加强北部边境的防御，明朝逐渐在北边建立起了一套严密的防御体系，将北边防御区划分成了九个军镇，即杨绍猷所谓"九镇"，也称"九边"。"其边陲要地称重镇者凡九：曰辽东，曰蓟镇，曰宣府，曰大同，曰榆林，曰宁夏，曰甘肃，曰太原，曰固原。皆分统卫所关堡，环列兵戎"，长城则辖于九边之中。这套体系以九边为重要军防点，配合沿边都司卫所及长城而形成。杨绍猷形容为："以北京为中心，以九镇为重要军防点，以卫所等为网络，以长城为屏障和阵地，形成北部的严密防线"。长城是这条防线的重要组成部分，累朝修筑，便形成了今天绵延于北方崇山峻岭之中的明万里长城。

现今分布于乌兰察布市境内的这道长城在明代修筑最早，明初被称为大边，关

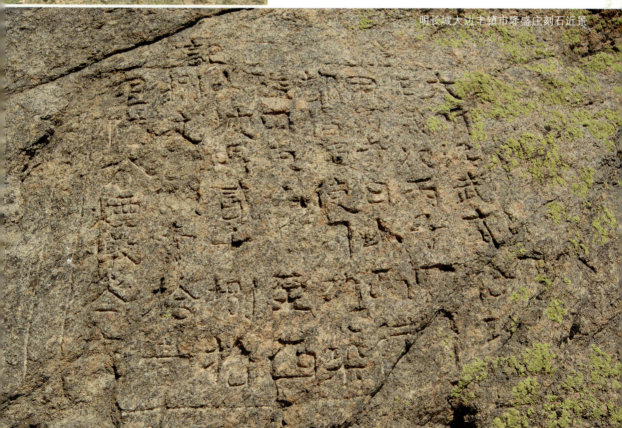

明长城大边丰镇市隆盛庄刻石近景

明长城大边丰镇市忻堡1号烽火台1号烽火台

明长城大边凉城县甘草忽洞段

明长城大边凉城县牛路沟烽火台

于它的情况，文献记载较少，其具体修筑时间难以确定。明长城大边沿线的丰镇市隆盛庄镇东双台山上发现了一块石刻题记，上面记载："大明洪武二十九年岁次丙子四月甲寅吉日，山西行都指挥使司建筑隘口，东山坡至西山坡，长二千捌拾捌丈□□壹拾壹里陆□，烟墩三座"。这应该是修筑附近这一段隘口的时间和规模记

载，说明早在洪武二十九年（1396年）的时候，这里已经开始修筑长城。

另据《五边典则》记载说："永乐十一年十月，山西缘边烟墩成。先是，从江阴侯吴高请，于缘边修筑烟墩。至是，东路自天成卫至榆林口，直抵西朔州卫暖会口，西路自亡牛岭，直抵东胜路，至黄河西对岸灰沟村，烟墩皆成"。这时大边应该已经

修筑完备，因为这一时期随着东胜二卫内迁，明朝的北边防线也在逐渐内收，边防营建的重点也在向内收缩。等到"土木堡之变"（1449年）之后，经战灾蹂躏，大同地区外部的防御系统几乎被摧毁，《读史方舆纪要》载"正统间，衅孽间作，于是云川、玉林并入左右卫，云内、丰州之民，悉迁应、朔二州，西边数百里地遂成瓯脱，自是寇患日棘"，大边所在的地区逐渐变成了蒙古部的驻牧地。到了弘治年间已是"大边荡然"。

明长城大边兴和县四道沟段

||| 61 ||| 察哈尔右翼中旗立兔庙遗址

撰稿：胡晓农
摄影：陈俊文

察哈尔右翼中旗重点文物保护单位。

位于察哈尔右翼中旗广益隆镇立兔庙村内，坐落于阴山山脉灰腾梁山系北部的丘陵地带。庙址地处白脑包山南侧，三面环山，地势为东北部较高。西部为一条南北的季节性河流。

立兔庙依山势而筑，石砌基址平台，呈十字形分布。占地面积约1500多平方米。为藏传佛教式建筑，石筑木顶结构。该庙由大殿和两侧的居住僧侣的住所、伙房、舍利塔及羊圈组成。中心大殿平面呈"凸"字形，东西16、南北22米。殿门两侧筑有楼阁，设有拱形窗。殿前有长方形的石砌平台。大殿内东西两侧分别设有通往侧室的拱形门，两侧室均为长方形。在庙西侧20米处，有一座石砌舍利塔，塔基为须弥座式，东西长8.3、南北宽8.1米；塔身为覆钵式，圆形，直径4、残高0.8米。庙东北部还分布有两间石室房，西北部建有石砌的羊圈。寺庙的墙体保存较好，残存的最高可达6米，墙体宽80～100厘米。此外在该庙西部约100米处的崖壁上，发现有刻石藏文佛经，字迹清晰。立兔庙建于清代雍正年间。

立兔庙遗址

‖62‖ 四子王旗王府

撰稿：胡晓农
摄影：谢寒光

全国重点文物保护单位。

位于四子王旗查干补力格苏木查干补力格嘎内，坐落于阴山北部蒙古高原葛根塔拉草原上。东、南、西部开阔平坦，北部均为低山丘陵区。东侧约1公里有南北走向乌—赛公路。西侧约1公里是补龙河。王府现存建筑群主要由王府、两座单体独贡家庙组成。

王府建筑群始建于清代光绪三十一年（1905年）。曾是第十三代王爷拉旺纳尔执政和居住的地方。占地面积共计2800平方米，现存建筑面积为2439平方米。王府建筑坐西朝东，府内设前后两个厅，前厅供王爷执政办公，后厅供王爷和福晋居住。前廊为悬山式建筑，正殿4间，面宽23、进深10、柱高3.5米。南、北配殿各

正殿和南北厢房

建筑顶部和院落

大独贡南侧面

两间，面宽10、进深9、柱高2.9米。整座王府为磨砖对缝、筒瓦盖顶、砖木结构的庑殿式建筑，具有清末红柱回廊、雕梁画栋的建筑特点。王府院落的南侧16米处，排列着两座独贡，为王爷家庙。为藏传佛教典型建筑。小独贡面宽10.7、进深19.5米。大独贡面宽16.7、进深25.5米。

成吉思汗胞弟哈卜图·哈布图哈萨尔第十五代孙脑音泰生有四子：长子僧格，尊号莫尔根忽少奇；次子索纳木，尊号达尔汗台吉；三子鄂木布，尊号布库台吉；四子伊尔扎木，尊号莫尔根台吉，游牧于呼伦贝尔。四子分牧而居，故称四子部落，四子王旗称谓由此而来。17世纪30年代初归附后金，后因战事逐渐西迁于此。崇德元年（1636年），清朝皇帝赐鄂木布为达尔汗卓哩克图，授札萨克，统领四子部落。顺治六年（1649年），晋封为多罗郡王，世袭罔替。

1949年前，旗地域是封建王公贵族们的世袭领地，先后经历了13代15位王爷的统治。旗衙门最初设在朝克德力格尔，当时没有房屋建筑，王爷居住的也是蒙古包。清光绪三十一年（1905年），第十三代王爷勒旺诺尔布在查干补力格大兴土木、筑厅建府，形成了今日的王府。该王府建成后，先后经历了3代王爷在此主理旗务，共计44年。清光绪三十四年（1908年），在王爷府右侧又建了府庙。从此，喇嘛、活佛纷纷云集，显贵要人不断前往，王府也就作为一个地名而远近闻名。1949～1952年，这里曾是旗政府所在地。府庙的两个独贡为藏式建筑，因年久失修，自然破坏严重。1989年，自治区民委及旗政府投资，维修了王府前厅及一个独贡。

⫾63⫾ 四子王旗锡拉木伦庙

撰稿：胡晓农
摄影：谢寒光

内蒙古自治区重点文物保护单位。

又名大庙，位于四子王旗红格尔苏木红格尔嘎查北部。坐落于阴山以北的内蒙古高原，在古老的西拉沐沦河下游右岸的丘陵山地南坡上。东、北侧为丘陵山地，西侧为西拉沐沦河宽阔的河床，西南1.5公里是元代砂井总管府城址，西北4公里是金界壕。

锡拉木伦庙是全旗最大的喇嘛教召庙，建筑布局合理精巧，环山临水，景色宜人。建筑群基址分布范围东西约2、南北约1公里。形成了气势宏伟的塞北高原的喇嘛教圣地。它始建于清乾隆二十三年(1758年)，在内蒙古、青海、西藏等地有较大影响，是内蒙古西部最大的召庙之一，号称"恩格日明嘎"（意为山阳坡有千名喇嘛的庙宇）及"塞北布达拉宫"。锡拉木伦庙是本旗贵族出身的丹巴拉布吉修建的。其建筑均为藏式石木结构，该召庙共建有五座独贡(喇嘛颂经处)。四大拉布仁（活佛寝宫）和四个庙仓。以及360处余处喇嘛住所，每个独贡内有地毯、柱毯、壁挂和壁画，还有相当数量的用上等木材雕刻制作而成的供桌和无数供灯。住庙的喇嘛在兴盛时曾多达1500余名。民

国二十一年（1932年），西藏九世班禅额尔德尼来此寺庙进行讲经佛事活动。民国十八年（1929年），瑞典探测家、旅行家斯文·赫定来四子王旗考察旅行，在他的《在蒙古旅游》记述有对该寺庙的考察情况。民国二十四年（1935年），日本考古委员会委员江上波夫一行考察了锡拉木伦庙。民国二十六年（1937年）11月，日军侵入锡拉木伦庙和王府，1942年锡拉木伦庙举行六世活佛登基庆典仪式，并举办盛大的那达慕大会。

锡拉木伦庙在文革期间拆毁了部分建筑，现存建筑整体保存较好，庙内现存3个独贡、1个喇嘛庙管会用房、喇嘛住所和活佛住所、北山石阶上的小庙一座、白塔一座。现已成四子王旗著名旅游景点之一，同时也是进香、礼佛及举行大型佛事活动的重要的草原古刹。

锡拉木伦庙

‖64‖ 丰镇市牛王庙

撰稿：胡晓农
摄影：张升华

牛王庙全景

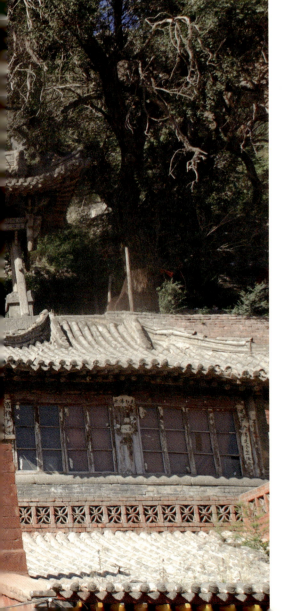

内蒙古自治区重点文物保护单位。

牛王庙正名灵岩寺，位于丰镇市城关镇东北部北山（又名留云山）东侧角下，在土塘村的西侧。庙址坐落乌兰察布市南部的黄土丘陵地带，依山势西靠悬崖面东而建，东临饮马河及通往塞外的古道。远望山峦层叠云间，河水蜿蜒落天，素有"山寺朝霞"、"海楼夜月"之雅誉。

据《丰镇县志》载，牛王庙初建于清咸丰二年（1852年），最初供祀牛王庙、马神庙，为当地车户乔行、牙纪等行会所供奉。后又经续建。庙宇依山阶梯式三级分布，一级台面是悬崖下面的长方形院落，包括正殿和东南的房屋，院落的景色原来也十分优美，古木参天、高耸石杆、大殿森严、高屋壁合。二级台面建筑在半山的楼阁，木构牌坊。向上百余级的石阶，三级最高点，建有山神庙、大仙祠。现存建筑主要为二级台面建筑，有靠山而建的禅室两间、影壁一座，木构牌坊两座。原有正殿戏台，钟鼓楼、庙门、碑刻、厨、僧舍、客房等，在20世纪60年代损毁。近几年又恢复建有前房和左侧的附殿。清代中后期，丰镇、隆庄等地的口外经济日渐繁荣，大量人口迁徙于此地，乾隆十五年（1750年），设立了丰镇厅，更加奠定该地的向东西、南北通商的商贸重镇地位，随之带来了区域文化的交流与繁荣。牛王庙的兴建与香火鼎盛，是该段历史的见证。

‖65‖ 丰镇市金龙大王庙

撰稿：胡晓农
摄影：张升华

内蒙古自治区重点文物保护单位。

位于丰镇市城关镇东1公里处，坐落于乌兰察布市南部的黄土丘陵地带。大王庙建筑于小石元山（飞来峰）的山丘上，背山面水，居高耸立，视野开阔。东面是平缓的川地，其西南400米处是薛刚山（石元山），正西1公里处是饮马河，北临二卜洞山。在大王庙脚下，有一股涓涓清泉，旧名"灵泉"，被誉为丰川第一泉。泉口处深不见底，水流清冽，旧时每逢大旱，附近农民便来祈雨。

金龙大王庙依山势而建，台阶式布局于整个山丘，局部石基护坡，砖木石结构建筑群错落跌宕，相互辉映。为三进台式结构，青石台阶，现存楼、亭、殿宇、房舍17间，建筑面积约1000平方米。据《丰镇县志》载，该庙初建于辽天庆五年（1119年），位于今庙后侧，有小祠，祭祀金龙大王。清嘉庆十九年（1814年）移建现址重修，建大殿3楹、寝宫3楹。之后陆续重修增建有望海楼、牌坊、疆房、厨房、保婴圣母祠、增福财神祠等。现在除正殿、云门、庙门、泥塑壁画被毁外，其它建筑基本保存完整。该庙为道教庙观，

金龙大王庙是丰镇地区最早出现的道教祠庙，所供之神龙王四太子，是传说治水除淤、抗逆除暴之神。

辽代末年，丰镇地区人口迁入，从事农业生产和其它经济活动，受到了中原文化的影响。在宗教文化的理念上，他们把在生产活动中祈盼社会安定、渴求风调雨顺、除灾避祸、五谷丰登的众多良好期冀，集中在金龙大王这个道教神灵的化身上，并加以敬奉。金龙大王庙的建立，反映了道教文化在此地的传播过程。金龙大王庙是丰镇地区著名的古迹，每年农历的五月十八日在此举办传统庙会活动，是丰镇地区民间重大祭祀活动之一。

金龙大王庙全景

‖66‖ 兴和县古城门

撰稿：胡晓农
摄影：张晓东

兴和县重点文物保护单位。

位于兴和县店子镇古城村西北角，坐落于大南山山脉的中部大洋河的冲积盆地上，南部有狐神庙梁山，西为祭风台梁，北临东流的大洋河。

该建筑为清代古城保存下来的西城门，保存较好。现存残段南北长12、东西宽8.45、高3.74米。用长方形大砖垒砌而成，面积101.4平方米。饰有门额。在城门楼墙顶部现代建有庙堂。古城门无年代记载，从建筑风格判断应为清代中晚期建筑。

古城门远景

‖67‖ 兴和县店子镇古戏台

撰稿：胡晓农
摄影：张晓东

兴和县重点文物保护单位。

位于兴和县店子镇店子村内，坐落于阴山山脉东段南麓大南山山脉的中部。在丘陵环绕的小盆地内，地势平坦，被村舍围绕。

现存的古戏台在原庙址中，分南北两个建筑，北部正殿已塌毁。南部为戏台，戏台呈长方形，长15、宽10米，坐北朝南，面阔三间，进深两间，为卷棚硬山式建筑，以平面布局上的金柱划分出前后两部分。前为演出台，后为化妆间。石条砌基、方砖铺地。前檐四根檐柱为石柱，正面有题字和简单的雕饰。前檐下施有三彩龙头斗拱，明间三攒平身科斗拱，次间一攒平身科斗拱，两山金柱外侧留有八字墙，为仿木砖雕影壁式风格，由须弥座、墙身和屋中檐三部分组成。依据整体结构判断，其应为清代建筑。

店子镇古戏台北侧

⫼68⫼ 察哈尔右翼后旗毛驴沟岩画

撰稿：胡晓农
摄影：王淑萍　刘艳农

察哈尔右翼后旗重点文物保护单位。

位于察哈尔右翼后旗土牧尔台镇毛驴沟村西北1.5公里处，坐落于阴山北部内蒙古高原的丘陵地带。在马鬃山的南坡上，裸露出的岩石上。西南部有一条冲沟，东南部为开阔的耕地。

发现岩文三幅，其中有一块巨大的石头上敲凿的岩文，长60、宽20厘米。其余两处较小。刻有藏文，内容为六字真言。在另块岩文石壁上，还发现有琢磨有动物图形的早期岩画，图形分化严重，不很清晰。

毛驴沟岩画局部

毛驴沟岩画地点

毛驴沟岩画局部

毛驴沟岩画局部

‖ 69 ‖ 察哈尔右翼后旗赛忽洞岩画

撰稿：胡晓农
摄影：王淑萍　刘艳农

察哈尔右翼后旗重点文物保护单位。

位于察哈尔右翼后旗土牧尔台镇赛忽洞村南100米处，坐落于阴山北部内蒙古高原的丘陵地带。在一座巨石堆成的小山丘中央，南有一条东西走向的沙河沟，东有一条乡间小路。

发现岩画有三幅，分布面积约1000平方米，山的西侧岩石上刻有狗的图形，在山的南部刻有好似舞姿的单人像，山的东侧刻有藏文。岩画的制法为打、磨兼制。岩文为凿刻而成。岩画与岩文属不同时代。

赛忽洞岩画局部

赛忽洞岩画局部

赛忽洞岩画地点

赛忽洞岩画局部

赛忽洞岩画地点

‖70‖ 四子王旗毕其格图岩画

撰稿：谢寒光
摄影：谢寒光

毕其格图岩画所在地貌

位于乌兰花镇西北210公里处的江岸苏木赛点勒乌素嘎查毕齐格牧点内，南侧为平坦的戈壁草原。岩画分为1号、2号两个地点。1号岩画刻划在一个东西向山脉的岩石上，岩画址大致呈长方形，面积为5671平方米。内容为蒙、藏文字。据岩画内容判断该岩画时代应为清代。

2号岩画位于乌兰花镇西北约211公里处，东侧为群山，南侧为丘陵山地。岩画刻在黑灰色的岩石上，岩画内容为狗和动物形象，还有蒙、藏文字和吉祥图案。岩画址大致呈长方形，面积为9778平方米。据岩画内容判断该岩画应为清代。

毕其格图岩画局部

毕其格图岩画局部

毕其格图岩画地点

毕其格图2号岩画局部

毕其格图岩画局部

‖71‖ 四子王旗乌兰哈达岩画群

撰稿：谢寒光
摄影：谢寒光

　　位于乌兰花东北100公里处，白音朝克图镇山丹嘎查乌兰哈达牧点内。岩画坐落在一个东高西低的石林地形中。东侧为石林，南侧有一条东西向的公路，西侧约500米为乌兰哈达驻地，北侧低洼处有一条东西向的土路。岩画群内共有六处岩画，按调查路线顺序排列为1～6号。岩画均刻划在黑灰色的岩石立面上。岩画址大致呈长方形，东西500、南北200米，面积约为10万平方米。据岩画内容认定该岩画的时代应为清代。

乌兰哈达岩画局部

乌兰哈达岩画局部

乌兰哈达岩画局部

乌兰哈达岩画局部

近现代

　　近代，乌兰察布地区沿袭着清代的管理制度，四子部落仍实行着会盟制度。光绪十年（1884年）察哈尔右翼四旗改隶归绥道。光绪二十九年（1903年），形成了察哈尔右翼四旗与丰镇厅、兴和厅、宁远厅、陶林厅、归化厅五厅的一地两治管理的局面。这一时期，由于内乱战事，本地区的人口下降，社会动荡，政治、经济发展严重衰退和萎缩，部分地区出现了弃牧务农现象，原有的封建领主制生产关系开始崩溃；同时，天主教开始大量传入本地，义和团运动也在本地爆发。现代，民国政府沿革旧制，设绥远城将军衙署，乌兰察布盟六旗和丰镇、兴和、宁远、陶林、和林格尔、清水河、武川以及归化、托克托、萨拉齐各厅归其监督节制，但行政管辖权仍属山西省归绥道。后其建制划分几经变动，本地区的东部为察哈尔省，西部为绥远省管辖。抗日战争前夕，本地区发生过震惊中外的1936年红格尔图战役、百灵庙战役。抗日战争中，中国共产党建立的抗日根据地，在乌兰察布境内开展敌后游击战活动。解放战争中，著名的集宁战役就发生在今集宁和周边地区。

　　中华人民共和国成立后，设置乌兰察布盟为地级公署，所辖旗、县的建制经数次变动。2003年12月，乌兰察布撤盟设市。现辖有11个旗县市区。其中主体民族为蒙古族，汉族居多数，还有其他20多个少数民族。这一时期，本地区的人口剧增，政治、经济、文化得到了空前发展和繁荣。

‖72‖ 凉城县新堂天主堂

撰稿：胡晓农
摄影：方宏明

凉城县重点文物保护单位。

位于凉城县岱海镇解放一居委宣德街与新华街十字街口东北角。坐落于岱海盆地西北的县政府(城关镇)所在地的主要街区。

天主堂建于1912年，为哥特式建筑，平面呈十字形，砖木结构，铁皮屋顶。南北长49.45、东西宽33.2米，建筑面积838.72平方米。前檐高6、脊高10.5米，十字房脊中部有一钟楼，高4.5米。教堂内有立柱28根。教堂经过历次的维修，保存状况良好。

新堂天主堂

新堂天主堂

新堂天主堂内景

‖73‖ 四子王旗库伦图天主堂

撰稿：胡晓农
摄影：谢寒光

四子王旗重点文物保护单位。

位于四子王旗库伦图镇库伦图村中，坐落于阴山北部内蒙古高原的丘陵小盆地北部。北侧背坡，地势平坦。村内的民宅和商铺包围其中。

天主教堂平面呈长方形分布，占地面积2000平方米，为哥特式建筑。始建于1925年，后又进行了四次扩建。由教堂院、仓库伙库院、教会校学院三部分组成，教堂为圆拱形顶，西北有钟楼，高36米。该建筑基本保持原貌，是内蒙古中南部地区规模较大的教堂之一。

库伦图天主堂内景

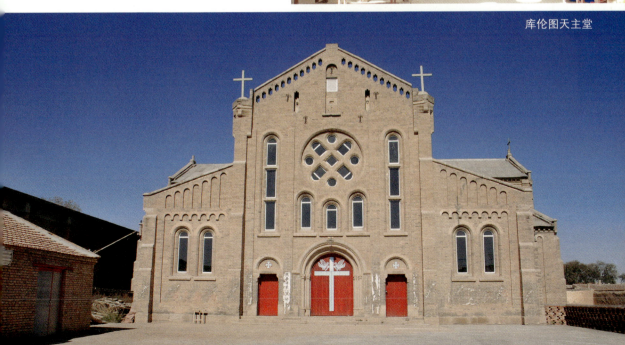

库伦图天主堂

‖74‖ 四子王旗红格尔战役旧址

撰稿：胡晓农
摄影：谢寒光

四子王旗重点文物保护单位。
位于四子王旗红格尔苏木红格尔嘎查

锡拉木伦庙北山。遗址坐落于内蒙古高原的丘陵荒漠的草原地带。在红格尔山的山

红格尔战役遗址

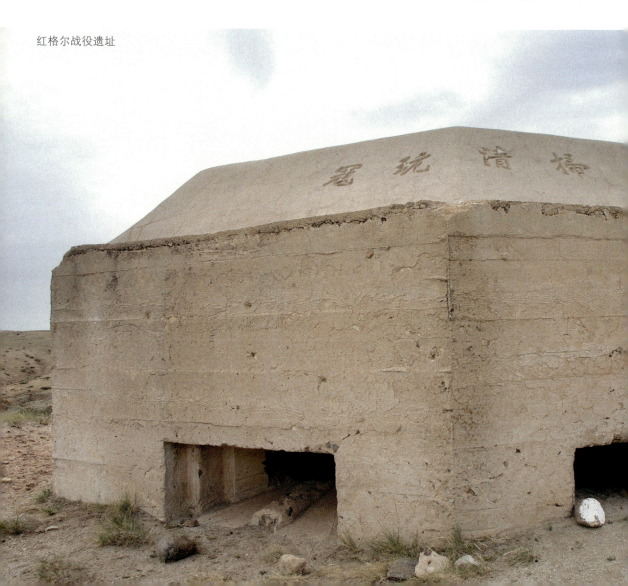

顶部及周围的丘陵、山沟内。南部山脚下为锡拉木伦庙，西侧为南北向的西拉沐沦河。

遗址依山势呈长条形分布，占地面积约为380万平方米。始建于1936～1937年。其设施是由战壕串连着20多座碉堡组成，走向为西南至东北，以制高点的山脊和坡地为主要的控制点。战壕围绕着碉堡，又相互连接，延长距离约1.5公里，战壕宽3米、深1.8米。碉堡有方形、圆形，直径3～6米。在遗址中还发现了当时的烈士纪念碑。抗日战争时期，日军为了占领绥远，于1936年11月2日向红格尔发起进攻，国民党驻军在阵地坚持战斗七昼夜。傅作义接到紧急报告，派孙兰峰兵团和阎锡山的骑兵团、炮兵团前往增援。9日进行反击，激战6小时，敌人伤亡惨重，汉奸王英部土崩瓦解。在碉堡上刻有"卫国卧狮 民国二十六年第三十五军四二二团二连造"。

红格尔战役遗址

红格尔战役烈士纪念碑

‖75‖ 凉城县贺龙革命活动旧址

撰稿：胡晓农
摄影：方宏明

内蒙古自治区重点文物保护单位。

位于凉城县岱海镇井沟村内，坐落于岱海盆地的西部冲刷平原上。是在井沟子村天主教堂院内的西部，东北距县城2.5公里。

该天主教堂建筑为20世纪初西方传教士修建，由主堂和牧师住所组成，砖木结构，铁皮屋顶。住所有主室一间、两侧耳室两间，东西长26.56、南北宽6.4米。主室凸出，歇山顶砖木结构，铁皮屋顶。门窗顶部为青砖拱券，山墙顶部至屋脊处，青砖修砌，呈阶梯状，为典型欧式建筑。主体建筑保存状况较好。

1945年10月至1946年1月间，贺龙率部三进凉城，指挥部、政治部设于六苏木土台子教堂和井沟子教堂。贺龙、甘泗淇等领导曾于此整训部队，指挥战斗。井沟子教堂内的木柱上至今留有当时张贴的"毛主席万岁"、"朱总司令万岁"等标语。1987年，将贺龙等住过的井沟教堂修缮辟为革命活动旧址。2008年8月进行了改扩建工程，扩建后占地面积4800平方米，新增了贺龙元帅雕像、纪念厅、停车场等。展区陈列有图片和实物，由贺龙革命活动历程、烽火凉城、丰碑永存、旧居复原四个部分组成。

贺龙革命活动旧址主体建筑

贺龙革命活动旧址前贺龙铜像

‖76‖ 集宁区集宁战役旧址

撰稿：胡晓农

摄影：龚朔

内蒙古自治区重点文物保护单位。

位于集宁区旧区的南部和市区内，包括老虎山、卧龙山、铁君山等，占地面积达20平方公里。代表性旧址和建筑有老虎山指挥部旧址、集宁面粉公司大楼、南站水塔等。

集宁战役指挥部旧址位于集宁区老虎山山顶西侧60米处，位于半山腰一个天然山洞内，距地面10米，洞内高3、宽2.8、进深20米。旧址地处阴山山脉南麓的丘陵地带，老虎山居高临下，山北脚下是东西走向的沙河，是旧区的制高点。1946年9月，绥蒙军区司令员姚喆、政委高克林在此指挥集宁战役。

集宁面粉公司大楼位于集宁区桥西朝阳街73号。大楼主体五层，两翼四层，高26米，钢筋混凝土结构，占地面积1500平方米。原为日军修建的面粉加工厂，是历次集宁战役三个制高点之一。

南站水塔位于集宁火车站南站南100米处。地处阴山山脉南麓，坐落在市区内，向东100米是怀远大街。塔身平面呈圆形，直径5、高32米，钢筋混凝土结构。1940年日本侵略军修建。是铁路交通和车站控制点，是历次集宁战役争夺最激

烈的制高点之一。1948年解放军进攻集宁时，首先占领此制高点。

集宁的地理位置和地理环境决定了它在历史上一直是交通要地，同时也是兵家必争之地。解放战争时期，曾在此地爆发了3次较大的战役，即1946年1月的集宁争夺战、1946年9月的大同—集宁战役、1948年9月解放集宁战役。这三次战役统称为集宁战役。

1946年1月5日，国共签订了《停止军事冲突的协定》，10日正式公布并颁发"停止冲突命令"，于13日24时生效，蒋介石电令傅作义派兵在生效日前攻占集宁，占领解放区的战略要点。当时八路军绥蒙军区司令部及第9、21团的部分兵力在此驻守。14日凌晨，国民党军新编骑兵第4师、伪蒙军骑兵第2集团军第4、5、6师共4000余人突袭集宁。我第9、21团、

集宁战役老虎山战壕

集宁战役面粉厂大楼

绥蒙军区警备营坚守抗敌，发现敌我兵力悬殊，向集宁西南方向撤出。贺龙与聂荣臻决定调集晋绥军区、晋察冀军区的部分部队，夺回集宁。参加此次夺城战役的有晋绥军区第2旅第27团、绥蒙军区第9、21团、晋察冀军区第3旅第1、10团、第4旅第6团。在外围阻敌增援的部队有绥蒙军区骑兵旅第1、2、3团以及陶集支队。毛泽东在延安"今闻集宁失守"，指示军调部小组于18日12时飞往集宁，此前必须抢占集宁。我军经过浴血奋战，终于获得了胜利。

1946年6月，国民党大举进攻解放区，撕毁停战协定，爆发全面内战。8~9月，大同—集宁战役打响，围绕集宁的争夺战更为激烈。国民党傅作义部投入各类师旅团兵力，计有3.2万余人。我军参战部队有晋绥军区、晋察冀军区的部分纵队旅团，共计2万余人。集宁战役历时9天，歼敌6300余人，我军伤亡亦较重。由于敌我兵力悬殊、我军装备较差、坚守城镇、战术应用不得当，虽然官兵一致、英勇奋战，最后撤出集宁，此战失利。

1948年9月，为缓解辽沈战役的外围压力，毛泽东亲自部署发动察绥战役。在杨成武、李井泉等指挥下，华北军区的第3军团，与姚喆、高克林等指挥的绥蒙军区部队的配合，进攻京包铁路的咽喉要冲——集宁。首先解决集宁外围的守敌，完成了对城区和战略要点的包围，经过数天的激烈争夺战，解放了集宁。

集宁战役火车站水塔

‖77‖ 察哈尔右翼后旗白音察干火车站

撰稿：胡晓农
摄影：王淑萍

察哈尔右翼后旗重点文物保护单位。

位于察哈尔右翼后旗白音察干镇北部。坐落于阴山北部内蒙古高原的丘陵环绕的小盆地中，地势平坦。

火车站坐西向东，1953年建站，由苏联专家设计图纸，其建筑风格独特。房屋为砖木大屋顶结构，有候车室一间，其他房间5间，车站南北约40、东西约7米。候车室面积约98.64平方米，可容纳旅客120人。车站占地面积约300平方米。同一时期建造的水塔，高约20米。车站西南、西北两侧还建造有石头房。原名为白音察汗车站，1955年3月将名改为白音察干车站。车站拥有5股道，有客货站台，年平均输送旅客17.5万人次。

白音察干火车站内

白音察干火车站局部

‖78‖ 四子王旗水口五七干校旧址

撰稿：胡晓农

摄影：谢寒光

四子王旗重点文物保护单位。

位于四子王旗东八号乡水口村西1公里处，坐落于阴山北部内蒙古高原丘陵地带。在一个背山面水的山湾台地上，东、南临塔布河及冲积形成的川地，北部为丘陵山地。

旧址大致呈长方形分布，主体为一排土石结构的窑洞式建筑，坐北朝南，东西长100、高4.5、入深5.9米，建筑面积684平方米。共24间窑洞，中间建有进入后院的大门洞，两侧各12间，为一进两开式套间。四面墙体为石条垒砌，顶部为土坯圈顶。中间大门洞的门额上雕有五角星。现门窗已损毁，整体保存较好。始建于1969年，是20世纪六七十年代"文革"的时代标志性建筑之一。

水口五七干校旧址远景

附　录

附　录 **目录**

表一　乌兰察布市全国重点文物保护单位名单

序号	公布名称与单体名称	时代	公布批次	所在旗县（市、区）
1	环岱海史前聚落遗址群	新石器时代	第五批	凉城县
2	庙子沟遗址	新石器时代	第五批	察哈尔右翼前旗
3	克里孟古城	北朝	第六批	察哈尔右翼后旗
4	砂井总管府故城	金代　元代	第六批	四子王旗
5	金界壕	金代	第六批	四子王旗　察哈尔右翼中旗　察哈尔右翼后旗　商都县　化德县
6	净州路古城	元代	第六批	四子王旗
7	四子王旗王府	清代	第七批	四子王旗

表二 乌兰察布市自治区级重点文物保护单位名单

序号	公布名称与单体名称	时代	公布批次	所在旗县（市、区）
1	集宁战役革命遗址	抗战时期	第二批	集宁区
2	集宁路古城	金代　元代	第二批	察哈尔右翼前旗
3	牛王庙	清代	第三批	丰镇市
4	金龙大王庙	清代	第三批	丰镇市
5	贺龙革命活动旧址	1945年	第三批	凉城县
6	广益隆古城	金代　元代	第三批	察哈尔右翼中旗
7	白海子东土城城址	辽代	第四批	集宁区
8	南阁庙	清代	第四批	丰镇市
9	三道营古城（梨花镇土城子城址）	战国　汉代　明代	第四批	卓资县
10	大拉子城址	金代　元代	第四批	商都县
11	公主城城址	元代	第四批	商都县
12	长川故城址	北魏	第四批	兴和县
13	大青山摩崖石刻	北魏	第四批	兴和县
14	左卫夭古城	汉代	第四批	凉城县
15	淤泥滩古城	辽代　金代　元代	第四批	凉城县
16	口子城址	汉代	第四批	察哈尔右翼前旗

序号	公布名称与单体名称	时代	公布批次	所在旗县（市、区）
17	北魏御苑遗址	北魏	第四批	察哈尔右翼中旗　察哈尔右翼后旗　卓资县
18	三道湾、赵家房古墓葬区	东汉（鲜卑）	第四批	察哈尔右翼后旗
19	察汗不浪古城	元代	第四批	察哈尔右翼后旗
20	抚冥镇古城	北魏	第四批	四子王旗
21	锡拉木伦庙	清代	第四批	四子王旗

表三　乌兰察布市市县级重点文物保护单位名单

序号	公布名称与单体名称	时代	保护级别	所在旗县（市、区）
1	太平梁遗址	旧石器时代	县级	卓资县
2	火石沟里遗址	新石器时代　元代	县级	卓资县
3	大包沟遗址	新石器时代	县级	卓资县
4	孔对沟遗址	新石器时代　元代	县级	卓资县
5	城卜子城址	战国	县级	卓资县
6	不浪沟城卜子城址	战国	县级	卓资县
7	小土城城址	战国	县级	卓资县
8	小南沟城址	汉代	县级	卓资县
9	三叉子遗址	汉代	县级	卓资县
10	九道沟遗址	汉代	县级	卓资县
11	黄凹山遗址	汉代	县级	卓资县
12	碌碡坪（阳坡）	汉代	县级	卓资县
13	土堡子遗址	汉代	县级	卓资县
14	元山子墓葬	汉代	县级	卓资县
15	旧德义遗址	北魏	县级	卓资县
16	公忽洞墓群	辽代	县级	卓资县

序号	公布名称与单体名称	时代	保护级别	所在旗县（市、区）
17	石家村墓群	辽代	县级	卓资县
18	二道泉墓葬	辽代	县级	卓资县
19	前东岔墓群	辽代	县级	卓资县
20	大白彦墓葬	辽代	县级	卓资县
21	王墓卜子墓葬	辽代	县级	卓资县
22	忽洞坝墓葬	辽代	县级	卓资县
23	圪塔城址	元代	县级	卓资县
24	胡家圪塔遗址	元代	县级	卓资县
25	老丑沟遗址	元代	县级	卓资县
26	老羊圈遗址	元代	县级	卓资县
27	范家沟古墓	元代	县级	卓资县
28	北山遗址	元代	县级	卓资县
29	羊圈沟遗址	元代	县级	卓资县
30	乱鹰圪咀遗址	元代	县级	卓资县
31	天巨奎遗址	元代	县级	卓资县
32	口子村民居	清代	县级	卓资县
33	大榆树老爷庙	清代	县级	卓资县
34	梨花镇观音庙	清代	县级	卓资县

序号	公布名称与单体名称	时代	保护级别	所在旗县（市、区）
35	宝化寺遗址	清代	县级	卓资县
36	印南衙门遗址	清代	县级	卓资县
37	红石崖岩画	清代	县级	卓资县
38	口子村喇嘛洞石刻	清代	县级	卓资县
39	梅力盖图天主教堂	民国	县级	卓资县
40	卓资山火车站旧址	民国	县级	卓资县
41	马盖图车站旧址	民国	县级	卓资县
42	平顶山石窑房	民国	县级	卓资县
43	庆贝沟遗址	民国	县级	卓资县
44	大包沟兵工厂旧址	民国	县级	卓资县
45	平顶山碉堡群	民国	县级	卓资县
46	卓资山人民英雄纪念碑	新中国	县级	卓资县
47	官庄子大青山革命烈士陵园	新中国	县级	卓资县
48	红召乡供销社	新中国	县级	卓资县
49	旗下营清真寺	新中国	县级	卓资县
50	八苏木公社旧址	新中国	县级	卓资县
51	雷山水库大坝	新中国	县级	卓资县
52	白音特拉东北遗址	新石器时代	县级	化德县

序号	公布名称与单体名称	时代	保护级别	所在旗县（市、区）
53	丰满遗址	新石器时代	县级	化德县
54	通顺遗址	新石器时代	县级	化德县
55	二道河遗址	新石器时代	县级	化德县
56	贾家村遗址	新石器时代	县级	化德县
57	卜拉勿素西遗址	新石器时代	县级	化德县
58	德善村北遗址	新石器时代	县级	化德县
59	向阳城址	汉代	县级	化德县
60	收图古城	北魏	县级	化德县
61	后二道沟遗址	辽代	县级	化德县
62	车岱营村遗址	辽代	县级	化德县
63	农场村遗址	辽代	县级	化德县
64	小井沟遗址	辽代	县级	化德县
65	黑沙图墓群	辽代	县级	化德县
66	二胜遗址	辽代　金代　元代	县级	化德县
67	小井沟遗址	辽代　元代	县级	化德县
68	金界壕附属城址	金代	县级	化德县
69	小公勿素东遗址	金代　元代	县级	化德县
70	小民主遗址	金代　元代	县级	化德县

序号	公布名称与单体名称	时代	保护级别	所在旗县（市、区）
71	高家营子城址	金代 元代	县级	化德县
72	东井子遗址	金代 元代	县级	化德县
73	九支箭南遗址	元代	县级	化德县
74	长春遗址	元代	县级	化德县
75	八岱脑包遗址	元代	县级	化德县
76	十三股遗址	元代	县级	化德县
77	小公勿素遗址	元代	县级	化德县
78	李达井城址	元代	县级	化德县
79	章木勿素西遗址	元代	县级	化德县
80	大庙庙址	元代	县级	化德县
81	长流水沟古井	元代	县级	化德县
82	大黑沙图古井	元代	县级	化德县
83	八岱脑包墓群	元代	县级	化德县
84	乌图脑包墓群	元代	县级	化德县
85	二巴沟墓群	元代	县级	化德县
86	四合墓群	元代	县级	化德县
87	大西沟石刻	元代	县级	化德县
88	毛焕村石刻	元代	县级	化德县

序号	公布名称与单体名称	时代	保护级别	所在旗县（市、区）
89	永新石刻	元代	县级	化德县
90	新富北遗址	元代　清代	县级	化德县
91	八一庙址	清代	县级	化德县
92	先锋窑址	清代	县级	化德县
93	秋灵沟烈士陵园	20世纪60年代	县级	化德县
94	七号农业学大寨水利设施	20世纪60年代	县级	化德县
95	碾盘梁遗址	新石器时代	县级	兴和县
96	延陵故城	战国	县级	兴和县
97	河南地遗址	北魏	县级	兴和县
98	九号村小庙地遗址	隋代　唐代　辽代	县级	兴和县
99	三盖脑包古营盘遗址	辽代　金代　元代	县级	兴和县
100	南滩遗址	辽代　金代　元代	县级	兴和县
101	旧营地遗址	辽代　金代　元代	县级	兴和县
102	坝底庙梁湾遗址	辽代　金代　元代	县级	兴和县
103	营盘地遗址	辽代　金代　元代	县级	兴和县
104	阳坡梁遗址	辽代　金代　元代	县级	兴和县
105	古城坡遗址	辽代　金代　元代	县级	兴和县
106	黑沟沿遗址	辽代　金代　元代	县级	兴和县

序号	公布名称与单体名称	时代	保护级别	所在旗县（市、区）
143	助马口遗址	汉代 北魏 元代	县级	凉城县
144	榆树林遗址	汉代 金代 元代	县级	凉城县
145	土城城址	汉代 明代	县级	凉城县
146	冀家圐圙遗址	北魏 辽代 金代 元代	县级	凉城县
147	陈家湾遗址	北魏 唐代 辽代 金代 元代	县级	凉城县
148	沙虎子沟窖藏址	北朝	县级	凉城县
149	三济庙遗址	辽代 金代 元代	县级	凉城县
150	六苏木城址	辽代 金代 元代	县级	凉城县
151	干草忽洞城址	金代 元代	县级	凉城县
152	平顶山坡上遗址	金代 元代	县级	凉城县
153	古城遗址	金代 元代	县级	凉城县
154	古祠地遗址	金代 元代	县级	凉城县
155	爷王鼻子山祭祀遗址	元代	县级	凉城县
156	后德胜墓群	元代	县级	凉城县
157	石虎山崖刻	元代	县级	凉城县
158	敖包梁祭祀遗址	元代	县级	凉城县
159	堡子滩城址	明代	县级	凉城县
160	佛爷栈崖刻	明代 清代	县级	凉城县

序号	公布名称与单体名称	时代	保护级别	所在旗县（市、区）
161	旧营地墓群	清代	县级	凉城县
162	菜园子庙	清代	县级	凉城县
163	旧堂天主堂	清代	县级	凉城县
164	新堂天主堂	1912年	县级	凉城县
165	凉城县政府旧址	民国	县级	凉城县
166	田家镇惨案旧址	1937年	县级	凉城县
167	簸箕湾日伪碉堡	1939年	县级	凉城县
168	绥南地委旧址	1946年	县级	凉城县
169	乌盟人防档案馆旧址	20世纪60年代	县级	凉城县
170	鸿茅酒厂旧址	1962年	县级	凉城县
171	刘家夭战备医院	20世纪70年代	县级	凉城县
172	谷粒脑包遗址	战国	旗级	察哈尔右翼前旗
173	古营盘村遗址	辽代　金代　元代	旗级	察哈尔右翼前旗
174	南夭墓群	清代	旗级	察哈尔右翼前旗
175	玫瑰营天主堂	清代	旗级	察哈尔右翼前旗
176	太喇嘛庙	清代	旗级	察哈尔右翼前旗
177	大庙遗址	清代	旗级	察哈尔右翼前旗
178	二十号村遗址	民国	旗级	察哈尔右翼前旗

序号	公布名称与单体名称	时代	保护级别	所在旗县（市、区）
179	礼拜寺村清真寺	民国	旗级	察哈尔右翼前旗
180	正黄旗政府旧址	民国	旗级	察哈尔右翼前旗
181	义发泉细石器遗址	石器时代	旗级	察哈尔右翼中旗
182	阳湾子边堡	汉代	旗级	察哈尔右翼中旗
183	四道沟墓葬	汉代	旗级	察哈尔右翼中旗
184	水泉墓葬	汉代	旗级	察哈尔右翼中旗
185	七郎山墓群	北魏	旗级	察哈尔右翼中旗
186	明水泉墓群	北魏	旗级	察哈尔右翼中旗
187	元山子遗址	元代	旗级	察哈尔右翼中旗
188	黄羊城遗址	元代	旗级	察哈尔右翼中旗
189	朱清沟遗址	元代	旗级	察哈尔右翼中旗
190	克力孟城址	元代	旗级	察哈尔右翼中旗
191	文都遗址	元代	旗级	察哈尔右翼中旗
192	范家房村东遗址	元代	旗级	察哈尔右翼中旗
193	任三卜子遗址	元代	旗级	察哈尔右翼中旗
194	苏家卜子遗址	元代	旗级	察哈尔右翼中旗
195	特拉忽洞遗址	元代	旗级	察哈尔右翼中旗
196	富贵遗址	元代	旗级	察哈尔右翼中旗

序号	公布名称与单体名称	时代	保护级别	所在旗县（市、区）
197	黑土坡遗址	元代	旗级	察哈尔右翼中旗
198	克力孟遗址	元代	旗级	察哈尔右翼中旗
199	新建遗址	元代	旗级	察哈尔右翼中旗
200	古城卜城址	元代	旗级	察哈尔右翼中旗
201	什八台遗址	元代	旗级	察哈尔右翼中旗
202	板申图遗址	元代	旗级	察哈尔右翼中旗
203	大脑包遗址	元代	旗级	察哈尔右翼中旗
204	东沟遗址	元代	旗级	察哈尔右翼中旗
205	土城子城址	元代	旗级	察哈尔右翼中旗
206	范家村遗址	元代	旗级	察哈尔右翼中旗
207	贾红营子遗址	元代	旗级	察哈尔右翼中旗
208	旱海子遗址	元代	旗级	察哈尔右翼中旗
209	营地遗址	元代	旗级	察哈尔右翼中旗
210	木号遗址	元代	旗级	察哈尔右翼中旗
211	草地遗址	元代	旗级	察哈尔右翼中旗
212	大哈达墓葬	元代	旗级	察哈尔右翼中旗
213	西梁墓群	元代	旗级	察哈尔右翼中旗
214	贾红营子墓群	元代	旗级	察哈尔右翼中旗

序号	公布名称与单体名称	时代	保护级别	所在旗县（市、区）
215	二架子墓群	元代	旗级	察哈尔右翼中旗
216	羊山沟墓葬	元代	旗级	察哈尔右翼中旗
217	北火石坝墓群	元代	旗级	察哈尔右翼中旗
218	七股地村南墓群	元代	旗级	察哈尔右翼中旗
219	基尔其庙址	清代	旗级	察哈尔右翼中旗
220	立兔庙庙址	清代	旗级	察哈尔右翼中旗
221	中什拉庙址	清代	旗级	察哈尔右翼中旗
222	铁圪旦墓葬	清代	旗级	察哈尔右翼中旗
223	铁圪旦天主教堂旧址	清代	旗级	察哈尔右翼中旗
224	原武东县监狱旧址	民国	旗级	察哈尔右翼中旗
225	阳湾子日军工事旧址	民国	旗级	察哈尔右翼中旗
226	小梅勒图八路军供给处旧址	民国	旗级	察哈尔右翼中旗
227	烈士纪念碑	新中国	旗级	察哈尔右翼中旗
228	巴音供销社旧址	新中国	旗级	察哈尔右翼中旗
229	黄芪沟战备医院旧址	新中国	旗级	察哈尔右翼中旗
230	大滩水利工程旧址	新中国	旗级	察哈尔右翼中旗
231	唐贡梁遗址	新石器时代	旗级	察哈尔右翼后旗
232	井沟岩画	青铜时代	旗级	察哈尔右翼后旗
233	韩元店墓群	北魏	旗级	察哈尔右翼后旗
234	张维遗址	辽代　金代　元代	旗级	察哈尔右翼后旗

序号	公布名称与单体名称	时代	保护级别	所在旗县（市、区）
235	依德格沟墓群	辽代　金代　元代	旗级	察哈尔右翼后旗
236	曹不罕城址	金代　元代	旗级	察哈尔右翼后旗
237	哈毛不浪遗址	金代　元代	旗级	察哈尔右翼后旗
238	红崖弯遗址	金代　元代	旗级	察哈尔右翼后旗
239	后脑包图遗址	金代　元代	旗级	察哈尔右翼后旗
240	庙弯遗址	金代　元代	旗级	察哈尔右翼后旗
241	赛忽洞边堡	金代　元代	旗级	察哈尔右翼后旗
242	吴喜南遗址	金代　元代	旗级	察哈尔右翼后旗
243	逯家村遗址	金代　元代	旗级	察哈尔右翼后旗
244	建新遗址	金代　元代	旗级	察哈尔右翼后旗
245	瓦窑沟遗址	金代　元代	旗级	察哈尔右翼后旗
246	吴俊东遗址	金代　元代	旗级	察哈尔右翼后旗
247	依德格沟遗址	金代　元代	旗级	察哈尔右翼后旗
248	赵家村遗址	金代　元代	旗级	察哈尔右翼后旗
249	达拉特墓群	金代　元代	旗级	察哈尔右翼后旗
250	小公忽洞墓群	金代　元代	旗级	察哈尔右翼后旗
251	韩盖淖尔北墓群	金代　元代	旗级	察哈尔右翼后旗
252	吴俊墓群	金代　元代	旗级	察哈尔右翼后旗
253	韩元店遗址	元代	旗级	察哈尔右翼后旗
254	南营盘北遗址	明代　清代	旗级	察哈尔右翼后旗

序号	公布名称与单体名称	时代	保护级别	所在旗县（市、区）
255	王万遗址	明代　清代	旗级	察哈尔右翼后旗
256	巴音乌拉庙址	清代	旗级	察哈尔右翼后旗
257	庙沟庙址	清代	旗级	察哈尔右翼后旗
258	善富寺（阿贵庙）	清代	旗级	察哈尔右翼后旗
259	毛驴沟岩画	清代	旗级	察哈尔右翼后旗
260	赛忽洞岩画	清代	旗级	察哈尔右翼后旗
261	红格尔图战役遗址	1936年	旗级	察哈尔右翼后旗
262	土牧尔台火车站	1953年	旗级	察哈尔右翼后旗
263	白音察干火车站	1953年	旗级	察哈尔右翼后旗
264	查干哈萨图岩画	周	旗级	四子王旗
265	达布苏岩画	周	旗级	四子王旗
266	希纳格岩画	周	旗级	四子王旗
267	包和图阿莫岩画	周	旗级	四子王旗
268	库伦图城址	北朝	旗级	四子王旗
269	波罗板升城址	金代　元代	旗级	四子王旗
270	贡胡洞城址	金代　元代	旗级	四子王旗
271	乌兰淖尔城址	金代　元代	旗级	四子王旗
272	乌令图城址	金代　元代	旗级	四子王旗
273	哈达哈少城址	金代　元代	旗级	四子王旗
274	查干补力格城址	金代　元代	旗级	四子王旗

序号	公布名称与单体名称	时代	保护级别	所在旗县（市、区）
275	思腊哈达城址	金代　元代	旗级	四子王旗
276	白星图城址	金代　元代	旗级	四子王旗
277	巴仁补力格城址	金代　元代	旗级	四子王旗
278	戈壁河城址	金代　元代	旗级	四子王旗
279	中河城址	金代　元代	旗级	四子王旗
280	中河北城址	金代　元代	旗级	四子王旗
281	格少城址	金代　元代	旗级	四子王旗
282	库伦图遗址	金代　元代	旗级	四子王旗
283	查呼勒德岩画	清代	旗级	四子王旗
284	那仁岩画	清代	旗级	四子王旗
285	夏日哈达岩画	清代	旗级	四子王旗
286	乌兰哈达岩画群	清代	旗级	四子王旗
287	毕其格图岩画	清代	旗级	四子王旗
288	库伦图天主堂	民国	旗级	四子王旗
289	乌兰花清真寺	民国	旗级	四子王旗
290	红格尔战役遗址	民国	旗级	四子王旗
291	乌兰花烈士纪念碑	新中国	旗级	四子王旗
292	庙后烈士陵园	新中国	旗级	四子王旗
293	水口五七干校旧址	新中国	旗级	四子王旗

注：附录中文物单位名称依据第三次全国文物普查不可移动文物登记的命名。

后 记

　　《乌兰察布文化遗产》一书，是由内蒙古自治区文物考古研究所组织编撰的《内蒙古文化遗产丛书》之一。全书依照总编体例，按时代顺序分为石器时代、青铜时代、战国秦汉时期、魏晋北朝时期、隋唐时期、辽金元时期、明清时期、近现代等八个部分，每个部分大致依照古遗址、古墓葬、古建筑、石窟寺及石刻、其他等五个不可移动文物分类的顺序，依次介绍每个不可移动文物遗址点。

　　本书中介绍的不可移动文物遗址点共有78处，主要包括了全国重点文物保护单位、内蒙古自治区文物保护单位以及部分旗县市区级文物保护单位，还有部分未定级的重要文物遗址点。对这些文物遗址点的介绍，包括了文物的基本状况、前人工作与研究概况等文字内容，并配有文物本体、周边环境与出土遗物等的图片。同时，在选择书目中的文化遗存单位时，其原则为较全面地反映乌兰察布市文化遗产的面貌与文化内涵和特点。本书综述主要是介绍乌兰察布市的自然环境、人文历史以及以往文物考古工作概况等；附录主要是对乌兰察布市的全国重点文物保护单位、自治区文物保护单位、旗县市区级文物保护单位分别作分解统计，内容包括公布名称与单体名称、年代、保护级别及批次、所在旗县市区等几个方面的内容。公布名称为公布文物保护单位时的文物遗址点名称，有的公布名称不符合文物遗址点的命名规范，在后面括号中予以更正；有的文物保护单位是由多个单体文物遗址点组成的复合型文物点，遇到这样的情况，在公布名称下面分别列出单体名称；对于较为特殊的线性文物，如长城，按境内的线路分布作单体统计，如赵北长城、秦汉长城、北魏长城、金界壕、明长城统计为五个单体文物。年代并不一定按照当初公布文物保护单位时认定的年代，要依据最新的研究成果确定文物的年代；根据文物遗址点的不同类型，有的仅列出始建年代，有的则列出文物的沿用年代。保护级别及批次方面，遵循文物点的最高保护级别原则，如一个文物遗址点曾经公布为自治区文物保护单位，现今已升级为全国重点文物保护单位，则仅按全国重点文物保护单位作统计。如果一个文物遗址点分布在多个旗县市区，按传统归属域名。

本书的编写，栗媛君、郭一宁做了大量的前期资料收集整理工作，并制作了书后附录，本书具体参加撰稿的人员有陈永志、胡晓农、李恩瑞、苗润华、谢寒光、齐溶青、包青川、丹达尔、张晓红、高智耀、曹永利、田少君、刘雪峰、邢黄河等。本书的资料来源，包括了内蒙古自治区文物考古研究所历年来的考古调查与发掘成果、其他文物单位的考古调查与发掘成果、新中国成立以来开展的三次不可移动文物普查资料、全国长城资源调查资料、相关专家学者的考古研究成果等。面对如此庞杂的资料来源，书中列出的注释、图片来源、参考文献等，难免挂一漏万；如有个别遗漏，还望原著单位、原著作者谅解。

本书承蒙内蒙古自治区党委常委、宣传部乌兰部长撰写了序言，在此表示由衷的敬意与诚挚的感谢！

本书成书时间较为仓促，难免有错讹与不足之处，敬请读者批评指正。

编者

2014年2月28日